U0060801

書名：皇極數
副題：心一堂術數珍本古籍叢刊 星命類 神數系列 一

作者：題〔宋〕邵雍
主編、責任編輯：陳劍聰
心一堂術數珍本古籍叢刊編校小組：陳劍聰 素聞 梁松盛 鄒偉才 虛白盧主

出版：心一堂有限公司
出版社地址：香港九龍尖沙咀東麼地道六十三號好時中心LG 六十一
門市：香港九龍尖沙咀東麼地道六十三號好時中心LG 六十一
電話號碼：(852)2781-3722
傳真號碼：(852)2214-8777
網址：http://www.sunyata.cc
電郵：sunyatabook@gmail.com
心一堂術數珍本古籍叢刊網上論壇 http://bbs.sunyata.cc/

版次：二零一零年十二月初版
平裝：(四冊)

定價：港幣 九百八十元正
人民幣 九百八十元正
新台幣 三千九百二十元正

國際書號：ISBN 978-988-8058-57-0

香港及海外發行：利源書報社
地址：香港新界荃灣德士古道220-248號荃灣工業中心1609-1616室
電話號碼：(852)2381-8251
傳真號碼：(852)2397-1519

台灣發行：秀威資訊科技股份有限公司
地址：台灣台北市內湖區瑞光路七十六巷六十五號一樓
電話號碼：(886)2796-3638
傳真號碼：(886)2796-1377
網路書店：www.govbooks.com.tw
經銷：易可數位行銷股份有限公司
地址：新北市新店區中正路542之3號4樓
電話號碼：(886)82191500
傳真號碼：(886)82193383
網址：http://ecorebooks.pixnet.net/blog

中國大陸發行・零售：心一堂書店
深圳地址：中國深圳羅湖立新路六號東門博雅負一層零零八號
電話號碼：(86)0755-82224934
北京地址：中國北京東城區雍和宮大街四十號
心一堂網上書店：http://book.sunyata.cc

心一堂術數古籍珍本叢刊 總序

術數定義

術數，大概可謂以「推算、推演人（個人、群體、國家等）、事、物、自然現象、時間、空間方位等規律及氣數，並或通過種種『方術』，從而達致趨吉避凶或某種特定目的」之知識體系和方法。

術數類別

我國術數的內容類別，歷代不盡相同，例如《漢書・藝文志》中載，漢代術數有六類：天文、曆譜、無行、蓍龜、雜占、形法。至清代《四庫全書》，術數類則有：數學、占候、相宅相墓、占卜、命書、相書、陰陽五行、雜技術等，其他如《後漢書・方術部》、《藝文類聚・方術部》、《太平御覽・方術部》等，對於術數的分類，皆有差異。古代多把天文、曆譜、及部份數學均歸入術數類，而民間流行亦視傳統醫學作為術數的一環；此外，有些術數與宗教中的方術亦往往難以分開。現代學界則常將各種術數歸納為五大類別：命、卜、相、醫、山，通稱「五術」。

本叢刊在《四庫全書》的分類基礎上，將術數分為九大類別：占筮、星命、相術、堪輿、選擇、三式、讖緯、理數（陰陽五行）、雜術。而未收天文、曆譜、算術、宗教方術、醫學。

術數思想與發展——從術到學，乃至合道

我國術數是由上古的占星、卜蓍、形法等術發展下來的。其中卜蓍之術，是歷經夏商周三代而通過「龜卜、蓍筮」得出卜（卦）辭的一種預測（吉凶成敗）術，之後歸納並結集成書，此即現傳之《易經》。經過春秋戰國至秦漢之際，受到當時諸子百家的影響、儒家的推崇，遂有《易傳》等的出現，原本是卜蓍術書的《易經》，被提升及解讀成有包涵「天地之道（理）」之學。因此，《易・繫辭傳》曰：「易與天地準，故能彌綸天地之道。」

漢代以後，易學中的陰陽學說，與五行、九宮、干支、氣運、災變、律曆、卦氣、讖緯、天人感應說等相結

合，形成易學中象數系統。而其他原與《易經》本來沒有關係的術數，如占星、形法、選擇，亦漸漸以易理（象數學說）為依歸。《四庫全書・易類小序》云：「術數之興，多在秦漢以後。要其旨，不出乎陰陽五行，生尅制化。實皆《易》之支派，傳以雜說耳。」至此，術數可謂已由「術」發展成「學」。

及至宋代，術數理論與理學中的河圖洛書、太極圖、邵雍先天之學及皇極經世等學說給合，通過術數以演繹理學中「天地中有一太極，萬物中各有一太極」（《朱子語類》）的思想。術數理論不單已發展至十分成熟，而且也從其學理中衍生一些新的方法或理論，如《梅花易數》、《河洛理數》等。

在傳統上，術數功能往往不止於僅僅作為趨吉避凶的方術，及「能彌綸天地之道」的學問，亦有其「修心養性」的功能，「與道合一」（修道）的內涵。《素問・上古天真論》：「上古之人，其知道者，法於陰陽，和於術數。」數之意義，不單是外在的算數、歷數、氣數，而是與理學中同等的「道」、「理」——心性的功能，北宋理氣家邵雍對此多有發揮：「聖人之心，是亦數也」、「萬化萬事生乎心」、「心為太極」。《觀物外篇》：「先天之學，心法也。……蓋天地萬物之理，盡在其中矣，心一而不分，則能應萬物。」反過來說，宋代的術數理論，受到當時理學、佛道及宋易影響，認為心性本質上是等同天地之太極。天地萬物氣數規律，能通過內觀自心而有所感知，即是內心也已具備有術數的推演及預測、感知能力；相傳是邵雍所創之《梅花易數》，便是在這樣的背景下誕生。

《易・文言傳》已有「積善之家，必有餘慶；積不善之家，必有餘殃」之說，至漢代流行的災變說及讖緯說，我國數千年來都認為天災，異常天象（自然現象），皆與一國或一地的施政者失德有關；下至家族、個人之盛衰，也都與一族一人之德行修養有關。因此，我國術數中除了吉凶盛衰理數之外，人心的德行修養，也是趨吉避凶的一個關鍵因素。

術數與宗教、修道

在這種思想之下，我國術數不單只是附屬於巫術或宗教行為的方術，又往往已是一種宗教的修煉手段——通過術數，以知陰陽，乃至合陰陽（道）。「其知道者，法於陰陽，和於術數。」例如，「奇門遁甲」術中，即分為「術奇門」與「法奇門」兩大類。「法奇門」中有大量道教中符籙、手印、存想、內煉的內容，是道教內丹外法的一種重要外法修煉體系。甚至在雷法一系的修煉上，亦大量應用了術數內容。此外，相術、堪輿術中也有修煉望氣色的方法；堪輿家除了選擇陰陽宅之吉凶外，也有道教中選擇適合修道環境（法、財、侶、地中的地）的方法，以至通過堪輿術觀察天地山川陰陽之氣，亦成為領悟陰陽金丹大道的一途。

易學體系以外的術數與的少數民族的術數

我國術數中，也有不用或不全用易理作為其理論依據的，如楊雄的《太玄》、司馬光的《潛虛》。也有一些占卜法、雜術不屬於《易經》系統，不過對後世影響較少而已。

外來宗教及少數民族中也有不少雖受漢文化影響（如陰陽、五行、二十八宿等學說）但仍自成系統的術數，如古代的西夏、突厥、吐魯番等占卜及星占術，藏族中有多種藏傳佛教占卜術、苯教占卜術、擇吉術、推命術、相術等；北方少數民族有薩滿教占卜術；不少少數民族如水族、白族、布朗族、佤族、彝族、苗族等，皆有占雞（卦）草卜、雞蛋卜等術，納西族的占星術、占卜術，彝族畢摩的推命術、占卜術…等等，都是屬於《易經》體系以外的術數。相對上，外國傳入的術數以及其理論，對我國術數影響更大。

曆法、推步術與外來術數的影響

我國的術數與曆法的關係非常緊密。早期的術數中，很多是利用星宿或星宿組合的位置（如某星在某州或某宮某度）付予某種吉凶意義，并據之以推演，例如歲星（木星）、月將（某月太陽所躔之宮次）等。不過，由於不同的古代曆法推步的誤差及歲差的問題，若干年後，其術數所用之星辰的位置，已與真實星辰的位置不一樣了；此如歲星（木星），早期的曆法及術數以十二年為一周期（以應地支），與木星真實周期十一點八六年，每幾十年便錯一宮。後來術家又設一「太歲」的假想星體來解決，是歲星運行的相反，週期亦剛好是十二年。而術數中的神煞，很多即是根據太歲的位置而定。又如六壬術中的「月將」，原是立春節氣後太陽躔娵訾之次而稱作「登明亥將」，至宋代，因歲差的關係，要到雨水節氣後太陽才躔娵訾之次，當時沈括提出了修正，但明清時六壬術中「月將」仍然沿用宋代沈括修正的起法沒有再修正。

由於以真實星象周期的推步術是非常繁複，而且古代星象推步術本身亦有不少誤差，大多數術數除依曆書保留了太陽（節氣）、太陰（月相）的簡單宮次計算外，漸漸形成根據干支、日月等的各自起例，以起出其他具有不同含義的眾多假想星象及神煞系統。唐宋以後，我國絕大部份術數都主要沿用這一系統，也出現了不少完全脫離真實星象的術數，如《子平術》、《紫微斗數》、《鐵版神數》等。後來就連一些利用真實星辰位置的術數，如《七政四餘術》及選擇法中的《天星選擇》，也已與假想星象及神煞混合而使用了。

隨着古代外國曆（推步）、術數的傳入，如唐代傳入的印度曆法及術數，元代傳入的回回曆等，其中我國占星術便吸收了印度占星術中羅睺星、計都星等而形成四餘星，又通過阿拉伯占星術而吸收了其中來自希臘、巴比倫占星術的黃道十二宮、四元素學說（地、水、火、風），並與我國傳統的二十八宿、五行說、神煞系統並存而形成《七政四餘術》。此外，一些術數中的北斗星名，不用我國傳統的星名：天樞、天璿、天璣、天權、玉衡、開陽、搖光，而是使用來自印度梵文所譯的：貪狼、巨門、祿存、文曲，廉貞、武曲、破軍等，此明顯是受到唐代從印度傳入的曆法及占星術所影響。如星命術的《紫微斗數》及堪輿術的《撼龍經》等文獻中，其星皆用印度譯名。及至清初《時憲曆》，置潤之法則改用西法「定氣」。清代以後的術數，又作過不少的調整。

術數在古代社會及外國的影響

術數在古代社會中一直扮演着一個非常重要的角色，影響層面不單只是某一階層、某一職業、某一年齡的人，而是上自帝王，下至普通百姓，從出生到死亡，不論是生活上的小事如洗髮、出行等，大事如建房、入伙、出兵等，從個人、家族以至國家，從天文、氣象、地理到人事、軍事，從民俗、學術到宗教，都離不開術數的應用。如古代政府的中欽天監（司天監），除了負責天文、曆法、輿地之外，亦精通其他如星占、選擇、堪輿等術數，除在皇室人員及朝庭中應用外，也定期頒行日書、修定術數，使民間對於天文、日曆用事吉凶及使用其他術數時，有所依從。

在古代，我國的漢族術數，甚至影響遍及西夏、突厥、吐蕃、阿拉伯、印度、東南亞諸國、朝鮮、日本、越南等地，其中朝鮮、日本、越南等國，一至到了民國時期，仍然沿用着我國的多種術數。

術數研究

術數在我國古代社會雖然影響深遠，「是傳統中國理念中的一門科學，從傳統的陰陽、五行、九宮、八卦、河圖、洛書等觀念作大自然的研究。……傳統中國的天文學、數學、煉丹術等，要到上世紀中葉始受世界學者肯定。可是，術數還未受到應得的注意。術數在傳統中國科技史、思想史，文化史、社會史，甚至軍事史都有一定的影響。……更進一步了解術數，我們將更能了解中國歷史的全貌。」（何丙郁《術數、天文與醫學　中國科技史的新視野》，香港城市大學中國文化中心。）

可是術數至今一直不受正統學界所重視，加上術家藏秘自珍，又揚言天機不可洩漏，「（術數）乃吾國科學與哲學融貫而成一種學說，數千年來傳衍嬗變，或隱或現，全賴一二有心人為之繼續維繫，賴以不絕，其中確有學術上研究之價值，非徒癡人說夢，荒誕不經之謂也。其所以至今不能在科學中成立一種地位者，實有數困。蓋古代士大夫階級目醫卜星相為九流之學，多恥道之；而發明諸大師又故為惝恍迷離之辭，以待後人探索；間有一二賢者有所發明，亦秘莫如深，既恐洩天地之秘，復恐譏為旁門左道，始終不肯公開研究，成立一有系統說明之書籍，貽之後世。故居今日而欲研究此種學術，實一極困難之事。」（民國徐樂吾《子平真詮評註》，方重審序）

現存的術數古籍，除極少數是唐、宋、元的版本外，絕大多數是明、清兩代的版本。其內容也主要是明、清兩代流行的術數，唐宋以前的術數及其書籍，大部份均已失傳，只能從史料記載、出土文獻、敦煌遺書中稍窺一鱗半爪。

術數版本

坊間術數古籍版本，大多是晚清書坊之翻刻本及民國書賈之重排本，其中豕亥魚魯，或而任意增刪，往往文意全非，以至不能卒讀。現今不論是術數愛好者，還是民俗、史學、社會、文化、版本等學術研究者，要想得一常見術數書籍的善本、原版，已經非常困難，更遑論稿本、鈔本、孤本。在文獻不足及缺乏善本的情況下，要想對術數的源流、理法、及其影響，作全面深入的研究，幾不可能。

有見及此，本叢刊編校小組經多年努力及多方協助，在中國、韓國、日本等地區搜羅了一九四九年以前漢文為主的術數類善本、珍本、鈔本、孤本、稿本、批校本等千餘種，精選出其中最佳版本，以最新數碼技術清理、修復版面，更正明顯的錯訛，部份善本更以原色精印，務求更勝原本，以饗讀者。不過，限於編校小組的水平，版本選擇及考證、文字修正、提要內容等方面，恐有疏漏及舛誤之處，懇請方家不吝指正。

心一堂術數古籍珍本叢刊編校小組

二零零九年七月

《皇極數》提要

《皇極數》，十六冊，十五卷、卷首一卷，題[宋]邵雍撰。清鈔本。未刊稿。今存十冊，九卷、卷首一卷。線裝。

邵雍（一零一一－一零七七），生於北宋真宗四年，卒於北宋神宗十年。字堯夫，又稱安樂先生、百源先生，謚康節。河北范陽（今河北省涿州市）人，後隨父移居共城，晚年隱居在洛陽。後世稱邵康節，為北宋理學家，精易學。《宋史・邵雍傳》云：「始為學，即堅苦自勵，寒不爐，暑不扇，夜不就席者數年。」「遠而古今世變，微而走飛草木之性情」，「智慮絕人，遇事能前知」。宋代名儒如司馬光、程頤、程顥、張載等皆曾從遊。著有《皇極經世》、《伊川擊壤集》、《觀物內外篇》、《漁樵問對》等。其中《皇極經世》以先天易數，用元、會、運、世推演天地變化、古今興衰和朝代更替之法，對後世易學、術數影響甚為巨大。民間流傳的術數中，《梅花易數》、《皇極數》（《八刻分經定數》）、《邵子數》、《蠢子數》、《鐵板神數》等），均相傳皆為邵雍所發明。

本書原序中，謂《皇極數》又稱《八刻分經定數》（虛白廬另藏《八刻分經定數》鈔本，心一堂術數珍本古籍叢刊即將整理出版）。明《永樂大典》中載有《皇極數》三卷，據《四庫總目提要》中所載：「不著撰人名氏。其說以八卦之數推人禍福吉凶。占子孫一條有云：此祖宗後代之數，先天不傳之秘。司馬溫公得之於康節，康節子伯溫又得之於司馬公，從而流傳。今得之者幾希，予不得已而傳之云云。牽及邵子，猶數學之慣技。牽及司馬光，妄益甚矣。」明《永樂大典》本《皇極數》雖與本書卷數不同，不過皆云傳自邵子（邵雍），又俱「以八卦之數推人禍福吉凶。」故本書與明《永樂大典》本《皇極數》或有淵源。

查本書卷首起例中，用晝夜分百刻之法，考我國明代及以前，一日（晝夜）分百刻，至清初才改為一日分九十六刻。然本書起例中又有「本朝欽天監…數理精蘊…」之語，按《數理精蘊》一書乃纂成於清康熙間。故本書當編成於明代（沿用一日〔晝夜〕分百刻之明制），而修訂於清康熙後（故有《數理精蘊》等語）。

考傳世不同流派的神數鈔本，最早是明代（參考虛白廬藏之明清各派「神數」鈔本），而筆記、小說中有關「神數」的記載，也是在明代及以後才出現。另，《四庫全書》輯宋祝泌撰《觀物篇解》五卷附《皇極經世解起數訣》一卷之提要云：「陶宗儀《輟耕錄》載泌精皇極數，其甥傳立傳其術，為元世祖占卜，尚能前知，則亦小道之可觀者。蓋其學雖宗康節，而亦自別有所得。故其例頗與《經世書》不符，而其推占亦往往著驗。方技之家，各挾一術，邵子不必盡用易，泌亦不必盡用邵子，無庸以異同疑也。二書世所鈔傳，間有譌脫，諸本並同，無從訂正，今亦姑仍之云。」可知宋代祝泌亦精「皇極數」。可是，祝氏之「皇極數」

是推算國運之術，并非推占人命之術。故此，凡推命術而名《皇極數》者，當是明代以後偽託邵雍《皇極經世》之名而已。

明代小說《水滸傳》已載有《皇極先天神數》之推命術。（《水滸傳》第六十回：「吳用答道：『小生姓張，名用，自號談天口。祖貫山東人氏，能算皇極先天數，知人生死貴賤。卦金白銀一兩，方纔算命。』」）

明代袁了凡（一五三三－一六零六）所撰《了凡四訓》（《訓子文》）中云：

「余童年喪父，老母命棄舉業學醫，謂：『可以養生、可以濟人，且習一藝以成名，爾父夙心也。』

後余在慈雲寺，遇一老者，修髯偉貌，飄飄若仙。余敬禮之，語余曰：『子仕路中人也。明年即進學，何不讀書？』余告以故，並叩老者姓氏里居。曰：『吾姓孔，雲南人也。得邵子皇極數正傳，數該傳汝。』余引之歸，告母。母曰：『善待之。』試其數，纖悉皆驗。余遂起讀書之念，謀之表兄沈稱，言：『郁海谷先生在沈友夫家開館，我送汝寄學甚便。』余遂禮郁為師。孔為余起數：『縣考童生當十四名，府考七十一名，提學考第九名。』明年赴考，三處名數皆合。復為卜終身休咎，言：『某年考第幾名，某年當補廩，某年當貢。貢後某年當選四川一大尹，在任三年半，即宜告歸。五十三歲八月十四日丑時，當終於正寢，惜無子。』余備錄而謹記之。

自此以後，凡遇考校，其名數先後，皆不出孔公所懸定者。獨算余食廩米九十一石五斗當出貢，及食米七十餘石，屠宗師即批准補貢，余竊疑之。後果為署印楊公所駁。直至丁卯年，殷秋溟宗師見余場中備卷，歎曰：『五策即五篇奏議也，豈可使博洽淹貫之儒，老於窗下乎？』遂依縣申文准貢，連前食米計之，實九十一石五斗也。余因此益信進退有命、遲速有時，澹然無求矣。」

由此可見，《皇極數》在明代已然流行，而且以「纖悉皆驗」聞名。至清代則演變成為《鐵板神數》。

民間流傳術數中，《鐵板神數》與子平、紫微斗數等推命術不同之處，乃術家不單以人的出生之年、月、日、時推算，尚需問命者提供部份六親之生肖存亡等資料，以供術家「考刻分」(一時中再分刻分)。術家推命後的批章，往往因為被推算者的六親之生肖存亡等奇準，而被稱之為「神數」。考民間流傳之《皇極數》、《八刻分經定數》、《邵子數》、《蠢子數》、《甲子數》、《太極數》、《先天(神)數》等，多相類似，也多宗邵雍為撰者，或為今天流行的《鐵板神數》之前身，可統稱之為「神數」系統。時至今日，除《鐵板神數》因有清刻本及民國印本流傳而比較廣為人知以外，《皇極數》、《八刻分經定數》、《邵子數》、《蠢子數》等其他類同之術，歷來大多只有鈔本流傳，而且都幾近煙沒，或只在民間極小小范圍之中流傳，已鮮為人知。

我國的推命術，如星學(七政四餘)、子平學、紫微斗數、河洛理數等，其原理、起例、推算法則等皆已公開，無甚秘密。唯各種「神數」，其原理、起例、推算法則一直未有公開，或云「神數」非推命之學，實是「射覆」之術，待考。一直以來，以「神數」為業之術家，對「神數」的原理、起例、推算法則甚為保密，各流派的「神數」刻本或鈔本，大多只錄其條文，於原理、起例、推算法則大多從缺，或只摘錄部分起例，亦語焉不詳。時人欲作「神數」的原理及推算法則等研究，一直極為困難。

本書序中對《皇極數》原理有如下描述：

「……於《皇極經世》，另删尾卷分十五小册，其一萬五千數，其法從寅上起大衍，取人生於寅之義，畫卜人生休咎、壽夭、窮通。……不必思情索理，無論知〔智〕愚，皆可依據葫蘆，詎不快哉。」

「時分八刻也。……蓋支干雖合，而刻分各異，一時八刻，差之毫釐，失之千里。惟於晝夜百刻之數，……必以胎元為準，從寅上起大衍，遇卯乃止，從寅逆數，遇寅則止，仍將大衍作數，加以天干，配合地支，則知某卷某數某頁及其父母生年歿年，兄弟、妻財子祿等，與書合者，即是此刻，不合再推，必推究符合，乃可從年干依大衍推。……」

綜觀本書序文及卷首起例，可知《皇極數》的推算法，又與坊間流傳之《鐵板神數》推算法不盡相同。坊間《鐵板神數》是以一時分八刻、一刻分十五分(即一日中分一百二十刻分)去考刻分。而《皇極數》中，乃沿用明代一日(晝夜)分百刻之法去考刻分。其中又按曆法，在不同節氣晝夜時間，刻分有不同對應的日月位置、十二宮度數及二十八星宿分野等。

清刻本《鐵板神數》坤集中，有紫微斗數、河洛理數等起例的內容，而《皇極數》的起例中，則并無此等內容。或許清刻本《鐵板神數》坤集會有紫微斗數、河洛理數等起例的內容夾雜於其中，是為混淆視聽之用。《皇極數》已清楚說明是從「胎元」推得「大衍作數」後，「加以天干，配合地支」，得出「某卷某數某頁」之條文的推算方法，以及有詳細的「密碼表」。相對坊間流傳之《鐵板神數》推算法，非常繁複，諸法雜用，眾說紛紜，莫衷一是。而《皇極數》卷首的起例、推算法及密碼表，則比較清楚、詳細及豐富，篇幅亦較清刻本《鐵板神數》卷首「坤集」中所載，多兩倍有餘，本書可說是對研究《皇極數》及各種「神數」的極為珍貴資料。本書原有一萬五千條的條文，是現時已知各派「神數」中最多條文之系統之一(其他流派條文多是一千多條、六千多條、一萬二千條不等)，今存九卷的九千條條文。

為令此稀見鈔本不致湮沒，特以最新數碼技術清理、修復版面精印，以供同道中人參考研究。

皇極数原序

混沌初開陰陽未分自龍出河而八卦著龜見洛而九疇陳于是太極立矣儀象分矣卦爻畫矣文王演後天宣聖繫易辭究飛伏于六十四卦辨吉凶于三百餘爻配合五行包羅萬象用能開物成務牖萬古顓蒙秦漢以來言理者鶩為神聖心傳而致遠鉤深探賾索隱卒失潔淨精微之旨言數者目為卜筮秘訣而黄石標异陰符稱奇不免讖緯術數之譏是羲文周孔之道明之者遠以塞之矣予揔角時即有疑于是以聖人覺世牖民之書必不

吾氏之艱難怪奇也于是踰河汾涉淮漢周流齊魯宋鄭之墟久之終若無所得者乃翻然來歸杜門樂窩糊易于辟而讀之堅苦刻勵寒不爐暑不扇寢食与易相伴者數年而無所得者仍如故甲寅夏偶臥瓦觀枕易見鼠遊床下再四不覺以枕投之鼠逃而枕破見內書某年月日為河南邵雍投鼠所破心甚怪愛向陶者而問之陶者訝曰去歲有一叟向予索未成枕去翼日乃還囑予曰此枕當為賢者所售其殆是乎偕陶者以訪焉至廬吾垂髫者揖予曰公非堯夫先生乎予驚曰然子何以知之曰先君子遺命

云今日當有賢者邵某相訪遂出所遺書一冊付予余捧而讀之乃擬之先生所著先天大衍數也攜歸展玩不覺豁然而數十年之勞心焦思近無得者竟于是而如與羲文周孔相遇也豈果堅深怪奇也哉于是占牡丹而知其將殘推雞鳴而知其必殺觀梅鵲而決少女之折股聞杜鵑而識宋室之南遷是乃嘗未為數嘗有一定之數存乎其間知人生之終身大事詎無定數乎爰倣皇極經世手另條卷因人之以驗天時因天時以徵人以類皆循理步執不敢誕言妄作第思易義雖簡所用甚宏而

此書餘多亦能易覽繼從梅花易數又憲宗易而太疏簡而弗備於于皇極經世另刪尾卷分十五小冊共一萬兩千數定法深演起大衍取人生于寅之義畫卜人生仕路壽夭窮通以規恆不必思情索理無論知愚皆可依樣葫蘆誰不快哉名定書曰八刻分經定數曰八刻者時分八刻如曠觀宇宙之大倫類之繁不無年月日時同以及一胎雙生者定深天窮通不壹天閱是星命之無足憑乎蓋支干雖合而刻分無異一時八刻差之毫釐失之千里惟于晝夜各刻之數斟酌定之應幾刻則分詳而運

猶迴異耳然時且難分刻又由定乎荒村曠野無禁鼓之可聞乎晦明風雨無晷影之可辨即父母目擊尚不足信矧隔路人乎必以胎之為準從寅起大衍遇卯乃止從寅逆數遇寅分止仍將大衍作數加以天干配合地支分定某卷某數某頁及定父母生年殺年兄弟妻財子祿各與書合否即是時刻不合再推必推先符合然可從年干依大衍推出自然驗若影響矣曰分經於何蓋誕降之初必纏星宿星宿分經緯之分定間毫不容混此書無悖頗甚詳定經緯于中尤必

後人録其精歷其於立成諸將星宿之度數順逆
吉凶遲疾一一預定不煩思索（後附歷注）乃無差訛之弊曰定數
其同凡人之生也須刻榮枯必有定數不但隱而未見其
人所難測亦時時更訛眉睫出誤毫其亦人所難
料惟辛酉年回為冠相傳之道所幸有先君之詩云起山
應事重到海上乎星因嘆曰人生富貴豈偶然哉可知
一字一句必有定數余生也晚未獲親炙于先賢每先知
從罷難返矣然亦集賢之辛程後繼哲之遺言
我生人之命數慕芳徽而述古哲之筆洩天機闡贖後
覩有以余為序敢　旨

崇・天禧七年癸亥歲七月

河南士大夫部謹題

混然於太虛未判之先萬殊之所以一本而森然于太極既判之後一本之所以萬殊也知乎此可與言理亦可與言數數之學始于易自羲文周孔而後言數者代不乏人如朱子之河洛陳希夷之紫微呂純陽之六壬鬼谷之鐵板雖稱超羣軼倫然皆未若康節先生皇極之明且善也此數時分八刻合人子父才官算定六爻斷人榮枯休咎不能窺擬無可識判一刻符合全數皆定惜但有終身之年而無流年之判余潛修之際授受專義增以流集翻後遨遊四海歷尋賢更

往將來無不驗若符節焉蓋人生宇宙必有確定之數存焉安命者可以自守避夢者妄勞枉謀耳然造福損德之徒又未可同年而語以爲敘序

青田劉基題

乾為天
丙為火
庚月丁甲
戊壬月庚
甲丙辛丙壬
丁乙辛丙
水
乙壬月足
丁壬丙辛
庚月辛壬
甲丙月丙〻
甲火
己甲丙甲
戊丙己支
丙〻己丙土
丙火
甲戊月己
乙己辛〻
丁戊丙庚水
丙己庚壬土

天風姤
戊庚火
戊壬辛戊
壬甲月庚
甲乙己戊
戊乙〻丙
戊丁庚甲
水
庚月壬〻
戊壬己甲
戊乙辛丙
己乙庚支
甲丙月丙甲
戊火
乙辛庚戊
己丁己戊
戊〻丙庚
庚土
乙辛戊辛
己乙甲庚

天山遯
壬乙火
乙己辛壬
壬戊丙己
戊乙戊己
戊乙壬〻
辛壬甲支
水
甲乙己丁
戊丁月乙
丙壬戊丙
甲月丙庚
乙庚月足
甲丙月丙
壬火
乙辛丁辛
水壬戊月丙
壬戊丙戊
乙火
丁庚辛丁

天地否
丁己火
庚月壬己
戊壬己〻
庚乙己〻
水
己乙月壬
壬甲〻己
戊壬乙丁
戊乙丁辛
甲丙月丙戊
丁火
庚月辛
壬庚壬己
戊〻丙己水
己丙壬庚水
己火
甲戊壬〻
壬月甲庚土
戊月丙庚水

風地觀
辛癸火
乙壬甲戊
乙壬丙壬
戊壬甲丙
戊乙庚戊
水
壬戊〻戊
戊壬辛己
甲戊庚壬
乙丁壬己
辛火
庚月丙甲
己丁〻己
己壬辛戊水
癸火
壬月甲辛
甲戊乙支
丁庚丙己水
庚乙〻丁

甲　丙　戊　庚　壬　乙　丁　己　辛　癸

山地剝
日七
甲〻申月辛
戊己壬乙
庚丙丁己
庚甲月壬
己壬庚乙
乙己甲丁
壬丙甲〻
丁壬戊乙
丁〻壬庚
庚水
己甲丙丁
乙火
壬月〻丙
乙水
丁庚甲戊
己水
丁戊甲辛

火地晉
月七
戊甲壬丙
甲〻戊甲支
甲申辛丁丙
乙戊丙辛
甲〻辛丙〻
乙己丙丙月
甲〻丁壬支
甲〻辛戊甲
壬甲丙〻
乙〻丁戊

火天大有
月仝
甲〻月甲〻
甲甲月〻〻
甲丙月甲〻
甲戊月甲〻
甲庚月甲〻
甲壬月甲〻
甲乙月甲〻
甲丁月甲〻
甲己月甲〻
甲辛月甲〻

支甲丙 中孚 水〻 支甲 支丙 木 白
乙庚戊辛 丁己〻戊 庚乙甲戊 丁己壬丙 丁乙丁乙日 壬丙庚己 甲丙壬丙辛 己庚月甲
庚壬甲戊 乙己甲己 甲己庚支 辛戊月丙 甲〻辛支己月 甲〻己〻甲 己戊甲戊 乙月〻己
壬己月庚 壬庚〻壬 庚己丁庚 丙甲丁甲卯 甲月甲甲月明 甲月甲〻〻 天喜 木屯
丁乙丙丁 丙壬戊辛 己丙月丁 庚〻辛壬 火 火 甲〻甲乙丙 甲丙〻庚甲
壬己甲庚 丙丁甲〻 甲庚戊乙 丁庚壬乙交 壬辛甲丁 半 甲丙〻甲壬
戊壬月己 辛壬己甲 乙辛乙丙 丙甲壬〻安 辛戊月辛 甲〻甲甲辛 甲屯
壬乙辛支 己戊丙戊 乙庚己甲 庚月丙〻 水 水 畐 己丁戊辛
壬己庚丁 己丁己庚 己戊丁庚 丙己庚乙 己甲庚丙 辛戊乙己 辛壬乙〻 甲〻壬支丁
乙〻月乙 庚丁甲支 乙戊〻辛 丙〻甲支 甲庚己庚 戊丁〻支 刑 丙屯
戊乙月戊 庚己〻甲 庚丁甲〻 甲丁庚丁 丙己辛乙 壬己〻丁 己丁己壬
戊月甲戊 辛戊〻帝 己庚壬丁 師 丙己丁庚 戊壬戊甲 乙丙戊壬 戊壬乙〻
甲〻辛丙 壬甲〻戊 乙戊丁辛 甲月丙乙月日 甲壬庚己 己丁庚壬 始水 甲丙〻己月
壬〻月足 壬乙丙乙 戊〻丁壬 甲戊庚〻出 壬己辛甲 乙丁丙壬
庚戊己壬 甲月丁甲
己甲〻壬 庚乙辛丙
庚〻丁丙
辛壬庚甲
辛壬辛甲
己甲乙戊

坎為水
支戊庚
戊壬月壬
庚乙〻支
庚己丙〻
甲辛庚辛
丁庚丁己
丁己壬辛
丁丙〻支
壬辛庚辛
丙月辛丙
戊庚甲己
丁庚辛壬
丁戊辛乙
庚辛壬支
乙戊甲庚
辛壬辛支
丁月丁丙
乙丁乙支
丁庚月辛

水澤節
己〻丁支
己丙壬戊
己庚戊乙
乙庚丁辛
壬己丙壬
丙壬庚甲
丙壬乙丙
己庚丙支
丙壬己壬
丙乙甲戊
丙乙月戊
丙己〻丙
戊丙月庚
戊〻丁乙
庚壬辛壬
庚己甲辛
乙月己乙
辛壬辛己

水雷屯
中孚
丙壬辛丁
乙己丙乙
甲戊〻戊
壬庚甲己
壬〻甲戊
壬乙丁庚
乙甲壬丙
乙戊己丙
丙月庚丙
丙庚〻壬
壬〻月壬
丙壬己戊
丁辛戊己
辛庚丙丁

水火濟
水
己庚壬壬
庚戊月丁
戊辛月乙 命
壬丁戊丙 哭
丙丁戊庚〻 全
庚月戊丁
師
甲月丙 乙甲 屯
甲〻戊 庚壬 火

澤火革
戊
壬乙己丁
甲〻己 支乙
甲月甲 甲丙
甲丙〻 甲乙
火
戊丁月壬
水
庚戊月戊
庚〻月己
乙〻壬辛
乙〻丁己
辛庚丙辛
戊丁月己
己辛己壬

雷火豐
庚
壬丁壬丙
甲辛〻辛
甲月甲 甲戊
甲丙〻 甲丁
火
辛乙甲支
戊丁甲乙
辛乙甲己
水
戊〻乙丁
戊〻己甲
乙〻丁辛
己乙甲壬

地火明夷
木
甲丙乙 丙月
喜
庚乙丁〻
丁〻辛庚
甲〻甲 壬戊
艮
甲〻戊丁
半
甲〻丙 甲明
壬甲丙丁 双
畐
辛壬丁乙
壯半
壬甲辛支
刑
甲〻辛〻
甲辛丁辛
甲辛〻庚

地水師
始
丁乙辛戊
丁〻壬乙
丁甲辛庚
戊月辛戊
壬庚丙己
壬乙丁支
丁己丁支 水
金半
甲月戊 丁月
金屯
甲丙〻 乾辛
屯
甲丙〻 己甲
戊
丁戊己乙
庚
甲〻丁 亥〻
甲〻丁 丁辛

支壬乙　丙戊〻甲　壬丁甲辛　壬丁月庚　乙丁庚己　甲乙甲庚　壬乙戊〻　戊丙己庚　壬丙月丙　丁丙己丁　丁乙甲己　丁戊乙丁　戊月辛丁　戊月戊庚　丙壬庚丁　戊庚月戊　壬己〻己　丙壬〻甲　丙壬辛庚　丙己辛甲

庚丙甲辛　戊庚辛〻　己丙庚壬　丁乙〻丁　乙丙甲支　乙庚月壬　乙辛丙〻　丁壬戊丁　丙庚甲辛　戊庚月戊　戊乙己辛　壬庚丁支　乙甲〻支　己月丁己　伏　庚月戊辛　甲　庚月丙己

中孚　甲月乙支　庚丁己〻　丙辛乙甲丙　乙甲辛支　壬甲辛己　丁月甲丙　辛乙壬辛　丙庚辛支　丙乙丁支　己月己戊　丙己辛丁　丙丁乙壬　師　甲月孫丙乙〻屯　甲〻戊度山　刑　己甲丁辛　乙月丙甲

水　己〻乙支　乙己甲戊　庚己辛〻　戊庚壬支　丙辛丁壬　丙庚月丙　丙甲己丙　丙己甲丙　戊丁〻丙　牢　戊月己甲　甲〻丁庚乙　壯牢　壬丙月乙　畐　辛壬己乙　斗　庚〻己〻

壬　丁辛丙支日　甲〻辛甲乙月　甲月甲甲庚明　庚辛月戊艮　甲〻月壬庚木　甲丙〻甲己水　火　辛乙庚支　辛乙丙〻　庚甲乙丁　庚甲辛〻　甲庚己辛　水　辛戊〻己　戊乙辛己　明屯艮　辛丁乙辛　明屯虫　戊月甲壬

乙　壬辛壬甲　己戊月辛　甲月甲甲壬　丁甲庚己　己丙戊壬　甲丙〻辛甲　火　辛乙戊甲　辛乙庚辛　乙庚辛己　水　壬乙〻丁　丙辛庚丁　明屯外　甲丙月戊〻　明木屯　甲〻甲己月　牢艮　甲月丙〻乙乙

木　甲丙乙甲丙　庚丁乙庚　庚壬丙乙　己月戊丙　天喜　甲月己甲　己辛〻戊　甲〻甲壬庚　己戊庚辛　己戊乙丁　支乙丁　庚月丁支　庚甲丙己本　庚月〻戊　庚月辛己　艮　甲戊甲〻　甲〻庚乙　甲〻丙〻乙丁

始　己月戊丙　辛乙己〻　壬己戊丁　乙庚甲己丙代〻甲　金牢　甲月戊〻丁　甲月戊丁己　金屯　甲丙戊辛月　甲丙戊辛甲　屯　甲丙〻己丙　壬　丁丙辛支　乙　己丁壬辛　甲〻丁甲壬

艮為山
支丁己
丙己月庚
丙〻月〻
丙乙〻辛
戊〻月壬
戊丁甲〻
乙己〻壬
丁〻甲庚
丁〻己戊
庚戊庚戊
戊己庚甲
戊丙甲庚
壬丙甲戊
壬庚丁丙
庚壬甲支
己壬〻丁
庚〻辛戊
丁月壬辛
丙月壬支

山火賁
丙壬乙庚
丙丁辛〻
己〻壬辛
戊辛丙壬
壬庚辛戊
壬己丙乙
壬辛己壬
戊壬庚〻
戊甲己壬
壬月壬丁
辛丁庚乙
丙辛乙辛
庚月戊丙
丁己乙甲
師
甲月丙乙戊屯
甲〻戊庚丁蛊

山天大畜
中孚
丙壬乙庚
甲戊辛支
丙庚乙〻
丁辛壬支
丙己甲支
己壬丙〻
丙戊辛己
甲戊月壬
壬丁己乙
戊丁己支
庚戊甲丁
甲庚〻甲
半
甲〻丁庚〻
己戊丙〻
己壬乙〻
姤半
壬戊丙乙

山澤損
水
丙丁月庚
庚月乙丁
甲庚丁己
畜
辛壬辛乙
斗
庚己月丁
戊甲月丁己
戊乙庚丁
甲
戊甲己庚
乙庚丙己〻
明屯外
甲丙月戊甲
明屯艮
辛丁己〻辛
明屯蛊
戊月戊丙

火澤睽
支丁
壬丁乙己日
甲辛己支月
甲月甲乙甲明
丙丁戊辛艮
甲丙戊申月
木
火
庚戊壬己
壬庚丙壬
丙月壬乙
水
戊乙乙戊
明屯木
甲〻甲己丙
半艮
甲丙乙乙甲
刑
戊月丙丁
庚乙〻庚

天澤旅
支己
壬壬甲乙
己庚甲戊
甲月甲丁甲
庚丁甲乙
甲丙戊〻甲
火
庚月丙乙
辛乙庚甲
戊月乙壬
水
戊丁甲丁
丙己庚辛
非冬
甲丙月甲〻

風澤中孚
木
庚戊乙丙
丁丙丁乙
戊乙丙壬
庚乙己丁
天喜
己戊丁〻
己丙〻辛
己丙壬丁
己丙辛乙
己戊甲乙
艮
甲戊丙庚
甲〻壬乙
甲〻丙乙丁
辛月〻乙
阴
己乙壬丁

風山漸
姤
辛丁甲丙
丁庚乙丁
辛乙壬己
壬庚辛戊
戊壬庚〻
乙壬辛丙
辛乙庚己
丙丁月庚
丙丁月庚
金半
甲月戊丁辛
甲月庚丁月
金屯
甲丙〻戊辛丙
丁屯
甲〻戊支壬
丁己屯
乙己丙

支辛丙支 中孚 水 支辛 丙支 木 始
丁庚〻丙 丁戊〻庚 辛月己甲 壬〻丙壬 丁〻庚己日 甲〻丙乙 甲丙丁丙己 辛戊乙丙
己戊己乙 乙己壬支 辛甲月甲 甲辛月甲 甲〻辛丙庚月 甲月戊乙 甲丙乙丙戊 壬丙辛壬
乙〻丙辛 戊丁丙庚 丁甲丙己 丙壬辛 甲壬甲乙艮 甲丙〻支 戊乙〻甲 壬戊丙〻
甲月己辛 伏 戊四月乙壬 庚月丁乙 甲丙戊甲丙木 甲丙戊甲〻 乙丁壬支 壬庚月壬
壬月乙甲 丁庚丁戊 丙己庚丙 丙己辛丙石 火 己丙乙丙 天喜 辛丁丙己
戊乙己庚 丙庚丙己 壬丙〻丙 丙月甲庚寅 辛乙壬甲 火 庚丙己戊 丁壬己戊
戊己壬庚 師 乙丁庚乙 戊〻甲壬丑 辛乙〻甲 辛乙丁甲 己丁辛支 金半
甲丙〻乙 甲月丙乙庚 己甲月乙 甲辛月〻 水 丙乙丙己 壬癸月壬 甲月丁庚丁甲
己丁乙支 甲月丙辛丁 甲乙辛丁 戊己甲丁 壬〻辛丁 戊月庚〻 甲〻甲乙壬 己庚乙己甫
丁己丙丁 甲月辛丁戊 丁〻丙壬 明屯 辛丙庚辛 水 支己辛 金屯
壬月庚己 半 己辛壬〻 甲壬月己戊 辛丙乙己 乙戊丙乙 己庚丁〻 甲丙戊辛〻
乙甲〻丁 甲〻己丁月辛庚 丙庚乙支 甲月甲辛己甲 戊己戊辛 乙庚丙庚 己壬庚辛 屯
乙甲丁乙 己乙庚戊 甲戊甲支戊 甲丙月戊丙外 艮半 乙己壬戊 丁 甲丙庚己
丙己壬辛 己辛乙甲 丙壬乙壬 辛丁辛〻艮 甲丙乙己丙 乙甲〻庚 辛月甲乙 戊丁壬甲辛
丙丁辛丁 畐 己丁壬庚 辛己月辛艮 壯半 庚〻乙庚 甲〻丙己乙 己丁丙壬辛
丙庚月庚 辛乙月乙 甲 戊月壬甲 戊〻辛壬 艮 陰 壬己月辛丙
戊月乙丁 斗 壬戊月戊 明木屯 刑 甲戊〻甲 己乙丁戊 木
辛月丁庚 戊丙〻乙 丙月戊支 甲〻甲己丙日 庚月乙辛 甲〻乙己 非冬 乙月己辛丙
辛戊壬丙 戊丙乙己 甲丙月己庚月 己戊己支 辛丁己支双 甲丙月〻甲 甲月丙庚白

震爲雷
丙支甲丙
辛丙〻乙
戊〻乙己
丁〻乙丙
壬〻甲丁
壬月丙戊
壬月庚〻
壬丁庚乙
壬〻戊乙
甲月己丙
辛月壬己
戊辛壬戊
己戊壬戊
乙丙壬己
乙辛乙壬
丁月丁〻
戊甲己乙
戊甲丁己
丁庚〻乙

雷地豫
甲戊甲己
戊丙庚己
甲丁〻丙
丙己丙庚
戊乙己丙
丁〻乙丙
甲戊丁壬
甲庚辛甲
庚月壬戊
庚戊己支
壬庚子支
壬庚乙己
壬乙丙庚
丁〻丁甲
壬丁〻乙
壬月己庚
辛丙己子
丙辛壬戊

雷水解
中孚
丙庚壬辛
丁庚壬戊
甲丁〻丙
丙己丙庚
戊乙己丙
丁〻乙丙
己丙乙甲
己戊甲丁
庚丙壬支
甲月子支
丁乙己壬
庚丙月壬
庚戊子支
丙乙丙戊
庚乙子〻
甲己月壬
丙丁月疋
庚己月己

雷風恒
丙月戊壬
甲〻甲己
壬月〻丁
壬戊〻戊
己丑子丙
乙月戊〻
戊月丙〻
庚月庚乙
庚甲丁支
甲己丁壬
丙庚戊支
丙丁戊己
丙己〻戊
戊月己〻
戊甲辛支
戊庚月乙
丙庚〻支
庚壬〻戊

地風升
水
己乙壬甲
甲月〻庚
丙乙丙支
丙乙丙戊
丙子月壬
戊壬〻支
乙月子丙
丙丁壬支
乙丙子戊
甲壬丙子
丙己〻甲
石
壬丙己子
丙月丙壬
突
庚月己子
庚〻丁壬
己壬丙戊

水風井
丙甲
甲壬丙 庚月日
甲壬丙 乙〻月
甲丙己 戊丙艮
甲乙壬 庚月木
甲火
丁甲子〻
丁丙戊壬
丁丙乙庚
丁己乙支
庚〻戊〻
辛乙丁子
甲水
子丙子丙
戊甲子丙
壬庚〻子
庚丙〻己
子丙戊己
甲丁乙〻

澤風大過
丙〻
丁乙甲丙
壬乙己甲
己戊乙〻
甲丙戊甲壬
甲壬丙戊 艮木
丙火
壬己庚己
戊丙〻辛
庚甲乙丙
丙丁〻庚
戊丁己己丁
庚戊子〻
己庚乙〻
丙水
戊乙丁甲
丙乙己甲
戊丙〻己
丙〻戊壬
丙壬〻丙
乙辛丙壬

澤雷隨
師
甲月丙 乙壬
甲〻戊 庚辛
甲丙月 乙〻
伏
壬月壬丁
壬庚乙己
甲子乙戊
庚壬乙己
丙甲己甲
刑
甲月丁戊
辛月子〻

丙支甲丙
半
甲ミ庚ミ己戊
己甲丙ミ
己丙壬ミ
工
甲丙月壬丁
畐
辛乙甲乙
录
甲ミ丙丁己
工
甲月丙己戊
斗
甲壬庚戊
戊甲ミ庚甲
戊丁壬丙丙
戊ミ戊支丙
呈
甲月月乙ミ

木
甲丙乙丙庚
丁庚壬己
庚丁ミ戊
庚丙辛ミ
乙己丁庚
甲ミ丙丙戊
再木
甲ミ丙丙己
木屯
甲丙壬戊甲庚
丙戊屯
甲ミ月丙戊
甲ミ甲辛丁戊
天喜
甲ミ甲壬丁
甲
甲月丙己
戊己壬ミ
甲乙丁乙

艮
甲戊壬支
丙月辛庚
甲壬丙ミ
半艮
甲丙乙己戊
斗艮
壬己甲ミ
双艮
辛丁乙支
辛丁ミ支
吉丁
辛月丙乙
甲ミ戊乙子
陰
己乙己丙
空
甲丙壬壬月
非冬
甲丙月甲丙

明屯
甲月丙甲ミ月
明木屯
甲ミ甲己戊
明屯虫
戊月己支
明屯外
甲丙月ミ戊
明屯艮
辛己丙甲辛
屯艮
甲丙乙支丁

官鬼
甲壬甲丁壬
甲壬己支卯
甲庚戊丁幻
甲壬甲庚火
大壯
戊庚甲丁半
己壬戊丁甲
丙庚丙丁斗
丙壬丙戊半

姤
乙月ミ庚
己月ミ戊
辛月壬己畐
庚己庚壬
壬甲ミ庚
丁壬甲己
丁庚甲庚家
丁庚壬己
辛丙壬辛木
己壬子甲

刑
甲月丁戊
辛月辛ミ
石
甲ミ壬丙庚
訟
甲ミ丁壬ミ
火
甲ミ壬丁月
甲庚戊戊丁

單木
甲丙丁丙辛
甲丙巳丙朋
金半
甲月庚庚丁戊
金屯
甲丙丁戊辛乙
水
己戊子乙
壬辛丁壬
屯
甲丙ミ己壬
甲
甲ミ壬支庚
丙
甲ミ戊支ミ

巽為風

丙支戊庚

子丙戊乙 庚〻丁庚 戊乙辛乙 壬甲乙甲 壬甲〻廚子 甲〻庚支 乙甲己支 乙子丁庚 甲丙甲支 丁〻庚壬 丙〻乙戊壬 丁己甲壬 庚戊丁己 丁乙〻庚 甲乙丙壬戊 丁子庚丙 乙丙庚己 己子庚壬 庚甲乙己 丙壬甲辛 庚丙甲庚

風天小畜

己月甲支 丙辛壬〻 戊己丙戊 庚子甲丁 丁丙月乙 子丙甲子 庚乙丙戊 丙月戊庚 乙子戊乙 甲〻月辛〻 乙丙丁甲 戊辛己支 庚甲〻支 庚丁乙乙 壬〻丁庚 壬〻辛庚 己丁月丙 己子月丙

風火家人

中孚

乙己丙甲 甲辛己壬 戊月甲〻 丙月甲戊 乙丁己甲 戊〻丁庚 甲月乙乙丁 丁辛乙庚 甲庚戊辛 己丁戊壬 乙月甲子 丁月壬己 丁月丙支 戊月辛乙 甲乙丙子 丁庚丁子 乙己丙支 乙〻甲乙

風雷益

丙己丙乙 丙辛月乙 戊丁丙壬 庚丙庚戊 庚〻庚〻 庚月辛支 丁庚〻己 乙〻戊甲 丙戊壬丙 壬庚丙甲 甲〻乙支 甲月壬丁 甲月戊支 口 己甲乙丙

天雷旡妄

水

戊〻子丁 己月丁戊 壬子己〻 己乙子庚 乙月辛庚 丙〻壬乙 丁庚丙丁 甲壬乙庚 丙月甲乙 庚月己乙

火雷噬嗑

戊

丁子丙戊日 丁丙庚丙月 己庚戊庚艮 甲丙戊甲乙木 火 乙丁庚戊 戊丙〻支 丙庚壬庚 戊丙〻丙 辛乙月甲 子乙子支 水 子戊子丙 戊丙戊己 乙〻己乙 戊壬己支 己丙戊甲

山雷頤

庚

丁戊〻丁 戊月丑己 庚戊子丁 甲丁戊甲丁 火 丙己〻庚 庚己庚辛 庚月辛〻 丁〻戊辛 辛庚丁辛 水 子庚己子 甲戊丁壬 甲丁庚子 丙〻戊己 子庚乙子 庚甲月子 壬庚甲支

山風蠱

師

甲月丙〻乙 甲〻庚庚月 甲丙月乙甲 甲丙庚支 庚甲〻支 伏 甲月戊支 己子甲乙 甲丙乙丙 屯 甲丙子壬乙 戊 甲丙子戊庚 庚 甲丙庚戊辛

丙支戊庚
半
甲甲々丙巳庚
甲戊月甲丙乙々
工
甲丙丁壬甲
畱
辛乙丙乙
甲戊乙乙子
录
甲々丙丁辛
工
甲月丙乙庚
斗
甲庚丙戊朋
戊々戊支
甲
甲庚甲庚丁
呈
甲月月乙甲

本
甲丁庚庚甲乙庚
甲丙庚子丁戊
甲丙壬丙月
再木
甲々丙丙子
甲壬月戊甲
甲酉甲戊巳
木屯
甲丙丁戊甲乙
甲丙丁庚乙
甲丙壬支庚
丙屯
甲々月丙庚
甲壬戊々乙
甲戊壬丙庚
戊屯
甲々甲子巳

艮
甲丙壬乙戊
甲々壬庚丙丁
甲丙乙丁甲
戊艮
甲丙庚壬子
甲丙壬戊丙
甲丙丁丁庚
甲丙巳々丁
庚艮
甲丙子乙庚
甲々壬々辛
半艮
甲丙巳庚
甲丙丁庚戊
斗艮
子丙乙丁
双艮
甲戊壬巳庚
子丁己子支
吉丁
子月戊乙
甲戊月乙朋
己乙辛々

明屯
甲月戊丙甲々
甲庚丙乙戊庚
明木屯
甲々甲乙庚
明屯虫
戊甲月乙
明屯外
甲庚月戊庚
戊乙月壬
明庚屯艮
辛巳戊辛
屯艮
辛酉乙巳
甲丙月甲戊
木艮屯
甲庚壬丙庚
木屯艮
甲戊乙丁子
非冬
甲戊壬巳戊
喜
甲々乙巳壬
卯戊庚丙戊々

官鬼
甲庚乙々丙 壬
甲庚戊丙乙 升
甲丙子支 刀
甲々甲丁 壯
甲子丙戊 壯
己々甲己 斗戊
己々乙々 甲
己々巳支 壯斗庚
己子丙庚
己乙巳戊 半
己丁丙戊 半
大壯
丁子戊丁 半
甲庚巳丙々 斗
甲庚甲戊庚 半
甲戊庚戊子 甲
妄艮
甲々壬々子

刑
甲庚乙丙壬
甲庚乙丙乙
石
甲々壬丙々
公
甲々丁壬巳
火
甲々壬甲
穴
己庚甲丙
丁戊庚壬
庚月巳甲
己乙丙戊

始
子戊壬支
子庚月子
甲月庚丁壬
甲戊庚々々
甲戊乙戊

单木
甲丙甲巳丙丙
令半
甲月乙庚丁壬
令屯
甲丙辛戊々巳
甲庚丙辛月
令半
甲戊丙戊月
甲戊庚丙々
屯
甲丙々乙巳
戊庚
甲々乙々々

離為火　丙支壬乙
子丙庚乙　子月甲戊　甲〻壬丙　壬乙戊丙　庚丙子戊　己丙戊己　丁〻丁丙　戊庚己丙　乙子戊己　庚子〻戊　丁月戊己　甲丁丙支　乙丙甲乙　甲己庚己　子乙己子　丙月乙〻　戊丙辛丁　壬丙辛丙　乙甲〻子　乙子甲支　丁己乙丙　戊丙丁己

火山旅
庚月丁壬　乙月戊庚　壬甲丙題　子甲己壬　壬己〻丙　丁〻月丙　壬己戊己　庚子丙乙　己戊己庚　己〻庚子　己甲乙丁　甲壬乙己　甲戊丙子甲壬　甲己丁支　戊子戊丙　庚〻壬甲　庚壬月庚　乙庚丙丁　乙壬子〻甲己　丁壬庚〻　己月己丁　己壬己戊

火風鼎　中孚
丁壬己丁　乙丁壬甲　子戊〻丙　甲月丙庚　甲壬丁庚　甲壬庚丁　丙甲庚好　丙辛丙支　戊丁丙甲　戊丁丙乙　丙月〻子　丁〻己庚　甲庚壬甲　丁〻己丁　丁乙庚丙　丁戊己〻　壬己〻戊　乙月丁壬

火水未濟　水
丙丁丙辛　丙己庚支　庚丙戊壬　丁甲戊〻　甲月庚壬乙　戊丙壬支　尤　己子丙子　乙〻月甲　定灾　庚月子甲　己乙己丁　丙月甲〻　己壬戊甲

山水蒙　壬
庚乙甲庚　乙〻丙甲　庚壬丙子　甲庚月戊　丁己戊壬　壬水 壬丁己〻　丙己丁支　壬丁〻丙　壬丁戊支　庚己甲支　丁壬乙己　丙月戊〻　庚〻丙庚　乙庚己戊　丙乙庚支　庚壬丁子　壬戊月壬　子戊甲辛

風水渙　乙
乙子壬戊日　丁壬甲戊月　庚〻庚戊艮　甲丙戊甲己木　己丙〻庚木　火　庚丙丁丙　甲〻子己　戊丙庚壬　庚甲壬乙　丙己庚丁　水　戊乙戊壬　甲丙月壬　庚戊己戊　庚丁戊乙　丙乙甲丁　丙〻壬甲

天水訟
丁庚戊壬　己壬〻壬　戊己丙庚　甲丙戊甲子　火　戊庚〻丁　乙丁戊丙　甲月壬己　子庚丙己　水　己乙甲〻　丙辛甲乙　戊丙庚丁　丙戊乙丙　庚戊己戊　丙〻乙〻　庚〻丙乙　乙壬己甲

天火同人　師
甲月丙丁乙　甲〻庚庚甲　子戊〻丙　丁丙己子　甲丙月乙丙　甲月丁己壬　狀　丙丁己丁　己戊〻乙　丙乙庚甲　壬庚〻乙　乙己戊支　乙甲戊〻　己戊乙己　乙〻乙甲

丙支壬乙
半
甲〻己亥乙
戊月丁己
戊甲月甲
工
甲丙丁壬丙
畐
子乙戊乙
录
甲〻戊丁月
工
甲月丙乙壬
斗
戊壬辛浮
戊子甲壬乙
甲
戊己甲戊壬
戊壬戊壬乙
甲月〻乙丙星

木
甲丙乙丙〻
丁己子戊
再木
甲〻戊丙月
屯丙木
甲〻月丙壬
屯戊
甲〻甲泽
喜
甲〻甲壬子
犇兕
乙戊己壬
甲〻壬乙丁
吉丁
辛月庚乙
甲〻戊乙甲
陰
己丁丙支

艮
丙戊甲丙
丙甲〻庚
甲壬庚壬
半艮
甲丙乙乙壬
斗艮
辛丙丁丁
双艮
辛乙甲月疑
妄艮
甲〻月甲乙子
正妄艮
甲丙月丁〻
非冬
甲丙月甲庚
空
甲丙壬壬丙

明屯
甲月壬丙甲庚
明木屯
甲〻甲乙壬
明屯虫
戊甲丙支
明屯外
甲丙月乙壬
明屯艮
辛己乙壬子
屯艮
甲丙乙好
木屯艮

官鬼
甲辛乙壬
甲辛丁庚外
乙壬子丁
戊丙子丁
大壮
丁壬子戊
丁戊丁甲
庚己辛壬
戊月丁壬

刑
戊丙丁庚
乙月戊辛
訟
甲〻丁壬子
石
甲〻壬丙乙
火
甲〻壬丁丙

姤
子庚丙支
丙甲戊丁
丙甲庚乙
甲〻丁〻壬

单木
甲丙乙丙戊
今半
甲丙乙丙庚
今屯
甲月己庚丁丁
次
甲丙甲庚辛月
丁己庚丁
屯
甲丙〻乙丁
壬
己乙壬庚
乙
甲〻壬己乙
冲
甲戊〻壬

坤為地
丙亥丁巳
辛丙壬乙
戊丙壬丁
己月丙辛
壬丙壬亥
庚戊〻乙
乙己辛丙
庚辛月乙
庚〻壬子
甲子甲乙
子月壬亥
戊己月乙
壬乙庚〻
庚子月己
庚丙壬戊
壬戊月己
乙甲丙庚
己丁乙丙
甲己庚壬
庚己戊丙
乙月己丁
己月子壬
戊〻戊丁

地雷復
乙壬〻丁
甲己〻子
壬子月戊
壬戊甲〻
乙庚月戊
壬戊甲〻
乙庚月戊
甲戊丙亥
甲〻丁戊
丙子壬戊
乙丙月壬
庚戊乙戊
甲壬庚乙
甲〻庚月壬
壬月乙己
甲月戊丁
乙己月壬
丙壬戊乙
戊丙辛丙
甲庚乙甲
甲庚戊〻
戊乙壬己
戊辛乙丙
庚戊丙〻

地澤臨
中孚
壬月子壬
乙庚戊亥
丙辛丙庚
庚壬子乙
甲壬戊丙
乙甲庚辛
辛壬〻子
乙庚丙子
戊丙月丁
火
丁己丙〻
丁己〻壬
子甲〻子
己壬〻戊
甲戊月丁壬
乙丙甲己
壬月丁己

地天泰
丙辛月己
壬〻庚壬
壬戊〻庚
己乙月甲
戊庚乙丁
丙乙月足
丙子乙甲
戊〻甲亥
壬丁〻甲
丁月庚乙
丁月己庚
戊月壬乙
壬甲子壬
己月丁甲
壬〻戊庚
甲丁子庚
丙〻戊庚
戊乙子庚

雷天大壯
水
丙月〻乙
戊丁乙亥
己庚乙子
乙己庚乙
戊丙丁子
辛戊丙亥
辛丙〻子
甲月己巳
甲乙月丁
戊丁月丁
丙己壬庚
庚甲丙〻
子丁壬亥
定火
甲庚月子
子戊〻己
壬甲丙乙
戊甲子乙
己〻乙甲

澤天夬
丁
丁壬乙丙 日
丁〻壬丙 月
己〻壬乙 艮
壬甲己甲 艮
甲丙庚朔 朩
火
戊乙壬庚
戊子壬乙
己庚甲壬
甲戊月戊
水
戊庚甲〻
甲〻月甲
子丙月子
乙庚己庚
甲乙〻乙
辛庚子丙
子甲己丁

水天需
己
戊甲月壬
己子壬丁
戊子己戊
丁〻壬戊
甲丙庚〻甲
火
壬丙〻乙
子庚丙〻
壬丙辛庚
壬辛丁子
丁丙子庚
水
戊丙己〻
戊子壬庚
乙己子己
丁戊子戊

水地比
師
甲〻庚庚丙
出屯
甲月丙乙己
壬月乙巳
甲丙月乙戊
丁戊乙〻
甲丙甲壬
伏
戊月庚戊
辛庚丁丙
壬己甲壬
己丙己壬
甲丙甲壬

丙支丁乙
半
甲ミ己庚丁
戊丙乙甲
戊丁丙甲
戊己甲己
工
甲丙丁壬戌
畐
子乙庚乙
录
甲ミ戊丁甲
工
甲月丙己乙
斗
戊ミ壬丁
甲庚戊己甲壬
甲
丙甲丙ミ丁
戊ミ丁丙己

木
甲丙乙丙丁
丁己丙子
有木
甲ミ戊丙甲
喜
甲ミ丙壬月
屯丙
甲ミ月丙乙
屯戊
甲ミ丙子月
畐
甲丙ミ丙乙
甲
戊壬ミ甲
星
甲月ミ乙戊

艮
丙戊丙子
丙己丙庚
甲壬ミ丙
半艮
甲丙乙己ミ
斗艮
壬丙壬丙
双艮
子己戊丙子
妟艮
甲丙ミ戊乙辛
吉丁
辛月壬乙
甲ミ戊乙丙
門
己丙甲丁
空
甲丙壬壬戌
甲丙月甲壬

明屯
甲月丁丙甲乙
明木屯
甲ミ甲己乙
明屯外
甲丙月戊乙
明屯艮
辛己己乙辛
屯艮
甲丙丁趄
木屯艮
甲丙丙月丁甲
甲戊月丁甲

官鬼
甲辛丙支壬
戊壬戊ミ外
甲戊ミ丁
壬乙ミ子
甲丙子丙
庚ミ甲ミ
壬乙丁ミ
庚子甲壬

刑
丁戊己壬
甲庚ミ丁
訟
甲ミ己壬月
文
甲ミ壬丁戌
石
甲ミ壬丙丁
乙壬ミ甲
甲丙ミ壬
乙庚戊支
丙月庚乙

姤
辛丙壬丙
辛甲庚支
辛月戊甲
乙庚月戊
丁戊己甲
丁壬戊丙甲
乙丁乙丁
己丁己丙
辛月壬支
子甲子支
屯
庚月庚ミ
丁金斗
甲壬庚丙辛

單木
甲戊乙己丙壬
今半
甲壬月月庚丁子
今屯
甲丙庚丙
甲丙戊乙
水
壬丙乙丙
丁己壬戊
子戊丙支
甲ミ庚丁子
屯
甲丙ミ己ミ
甲庚丙乙
丙庚己壬
丁
己丁庚子
己
甲戊己丁

兌為澤
丙辛戊支
辛丙乙乙
甲月壬乙庚
乙々乙丙
丁々乙壬
己甲々戊
壬乙丁丙
丙丁己支
乙壬戊壬
甲丙丁丙
壬子乙己
甲々庚己
壬々丁々
丁戊壬甲
庚々甲戊
丁子丁己
庚子庚丁
丁乙々己
壬々月子

澤水困
壬戊乙庚
庚己庚甲
丙辛乙丁
乙丙戊乙 府
甲戊子戊 迅
甲々庚壬甲
甲月々己
甲月壬壬月
甲庚々己
壬戊々辛
戊己壬甲
庚辛丙丁
乙壬庚乙
己戊子丙
己乙々壬
己丁戊庚
己々己庚

澤地萃
中孚
丙甲丙支
丙辛々丁
壬丁甲乙
庚丙戊丙
丁己丙己
丁甲丁庚
甲丙壬丁
丙甲乙丙
丁庚甲乙
己戊乙庚
己庚月丁
乙々辛庚
己壬辛々
壬己丁丙
乙戊庚壬
甲々丙壬
甲戊庚辛
甲壬戊乙

澤山咸
壬乙丙丁
己戊庚支
丙月丙乙
丙々戊甲
丙壬丁子
戊々子々
戊庚乙々
戊壬甲支
庚月庚戊
己丙庚甲

水山蹇
水
丁乙戊子
丙乙丁壬
庚戊乙甲
己丁子戊
己丁月戊
戊丁庚甲
戊子乙子
丙庚戊壬
甲々月己
庚丙己々
乙己月足
子甲月己
甲月庚己
宊
庚甲庚戊
甲辛己丁
丙丁戊甲
甲戊月丁戊

地山謙
辛
甲々月越
甲々己甲壬
戊壬丁戊
甲丙庚甲丙
火
庚月々乙
己々月壬
子庚戊丙
子庚々甲
戊々庚甲
水
庚戊甲戊
壬己庚支
庚己壬戊
戊甲乙支
壬己壬庚
壬々庚乙支

雷山小過
戊文
己壬甲丙
甲々丁甲々
甲辛甲壬
甲丙庚戊
丙己戊丙
火
壬乙月乙
壬庚乙丁
壬己辛々
己月壬々
戊丙辛壬
水
庚己甲庚
壬己丁乙
庚々己乙
甲乙々庚
丙丁庚戊
丙壬丙甲

雷澤归妹
師
甲月丙乙子
甲々庚庚戊
子甲乙壬
丁月戊乙
丁子丁己
甲丙月乙庚
伏
甲丁壬庚
壬庚月足
乙戊庚甲
乙々甲支

屯 出

吉 解

丙辛戊支 半 甲〻己辭 甲〻辛朗 戊庚乙丙 戊丁己丙 工 甲丙丁辛庚 畐 子乙壬乙 录 甲〻戊壬丙 工 甲月丙己丁 斗 戊己〻丁 戊辛〻庚 甲 丙庚丙〻 丙乙月己

木 甲丙乙丙己 乙丁乙甲 再木 甲〻戊丙 書 甲辛〻壬 甲〻丙壬甲 屯丙 甲〻月丙丁 屯戊 甲〻丙辛甲 斗 戊辛丁庚戊

艮 丙戊〻乙 丙甲戊壬 甲壬戊丙 半艮 甲丙乙己丁 斗艮 壬甲壬支 妥艮 甲庚〻壬乙子 吉丁 辛月乙乙 丁 甲〻戊乙〻 陰 己月丙〻 空 甲丙壬壬庚

明屯 甲月己丙甲子 明杰屯 甲〻甲己丁 明屯虫 戊甲己戊 明屯外 甲丙月戊丁 明屯艮 辛己辛〻 辛〻月辛 木屯艮 甲丙月戊 甲丙月丁庚 屯艮 甲丙丁癸甲 非冬 甲丙月甲乙

官鬼 甲己庚甲壬 甲丁辛己 丁戊己丁 壬己戊支 丙戊丁乙 甲壬子甲 甲壬月己 甲月壬己戊 大壯 乙巳子甲 庚己乙甲 甲壬子甲 甲月己壬子半

刑 戊庚子丁 丙甲子〻 戊〻甲〻 訟 甲〻己壬甲 火 甲〻壬丁庚 石 甲〻壬丙己 壬戊己庚 丁〻庚〻 甲壬戊壬 戊丙己丙

姤 子戊丙丁 子甲丁己 子壬己子 子月甲支 子月庚壬 子乙己甲 丁乙〻辛 己丁壬丙 己子戊乙 屯 庚壬甲庚 戊屯 壬丙丁丙

單木 甲丁丙己己丙 今半 甲甲月丙壬丁 今屯 甲〻丙壬庚子 水 己庚月丁 丁己丙己 戊庚月甲 己〻丙乙 屯 甲丙〻乙子 甲壬甲己 辛 己丁己丁 戊支 甲〻子己甲 冲 己庚戊壬

乾為天
戊爻甲丙
子丙丁己
丙庚月壬
乙月子乙
壬乙甲壬
壬月己支
壬己々壬
乙丙庚丙
丁壬丙己
庚乙々子
甲々乙己
庚丙甲丁
丁戊丁壬
壬甲々支
庚々戊支
辛月々庚
乙丙戊支
丁丙月丙
壬月戊庚

天風姤
乙己戊丁
壬丁庚支
乙甲丙丁
庚壬々支
丁庚甲壬
庚乙子支
乙己庚乙
己壬乙支
乙月丙戊
己戊丁戊
丁子己々
丙々戊支
丙戊甲己
丁子壬庚
乙甲庚乙
丙丁庚子
甲月乙々子
丙乙丙乙

天山遯
中孚
乙丁月庚
甲々月乙
己壬庚々
戊甲月戊
己丙辛壬
子庚月甲
丁壬月庚
丁々戊壬
火
庚月甲庚
壬月乙々
壬子月子
己々丁戊
己月乙己
甲々庚丙
戊丁戊辛
甲月辛卯

天地否
乙々月庚
甲子乙丙
壬己壬甲
甲庚月乙
丙甲子乙
甲々月壬々
乙々子戊
乙丁月丁
水
丙乙甲己
壬乙月乙
乙庚々己
丁戊丙戊
子丙庚丁
甲丙壬子
丙甲己壬
壬丙壬庚

風地观
水
壬子戊丁
丙戊乙乙
甲己壬々
己戊丙庚
己丁庚甲
甲丁壬甲
己乙丙乙
甲戊子丁
丁甲己乙
丁月戊丁
甲丙丁々
穴
庚甲庚甲
乙々子戊
己々子甲
乙々戊壬
丙甲壬乙
乙丙乙丁

山地剝
甲
己乙々丙
丁子己乙
丙月己丙
甲丙庚申々
火
戊己甲丙
己戊々戊
甲丁丙戊
甲丙月丙
壬々月丁
庚戊子己
甲戊丁丙
水
丁戊子庚
丙丁庚々
甲丙乙壬

火地晋
丁壬丁己
甲々丁好
丙戊甲庚
甲丙庚甲壬
火
戊甲戊支
戊辛壬子
庚丁壬丙
庚月丙庚
水
庚子丙壬
庚戊丁壬
甲月壬々

火天大有
師
甲月戊明
甲々庚庚々
甲月庚戊
甲丙月乙壬
甲月乙丁
甲月丁乙
甲月辛々
伏
丙子丙戊
丙辛庚己
己月戊甲
丙丁庚支
乙戊丁己
己乙月丁
甲辛乙丙
甲辛々丁
庚甲庚支

戊支甲丙
半
甲々辛甲丙庚
戊丁子戊
戊己壬辛
工
甲丙丁々壬
畐
子乙々乙
录
甲々戊丁々
工
甲月丙々己
斗
丙辛甲己
乙丙々丁丙
甲
丙丁壬々甲丙
己丁己壬
甲己壬丁

木
甲丙己丙子
乙戊己甲
再木
甲々庚丙戊
妄木
甲丙丁乙子
喜
甲々丙壬々
屯丙
甲々月丙己
屯戊
甲々丙辛々
艮虫
己戊丁壬
艮斗
甲丙戊々寅
斗正
甲乙甲己
甲月々乙壬

艮
丙戊庚己
戊甲々甲
丙壬月己
半艮
甲丙乙々己
斗艮
安艮
甲々々丁乙辛
正妄艮
甲々壬己々
双艮
辛己丁乙支
吉丁
子月丁乙
甲々戊乙寅
陰
己月壬丁

明屯
甲月甲戊々月
明朩屯
甲々甲々己
明屯虫
戊丙己子
明屯外
甲丙月乙己
明屯艮
子々丙甲辛
屯艮
甲丙丁女丙
朩艮屯
甲丙月丁壬
甲丙月丁乙

官鬼
甲己庚丙壬
壬庚己外
丁月己子水
甲己戊庚至
丁庚甲壬
壬甲戊子火
甲々庚壬
戊丙乙壬
甲月子己々壬艮
大壯
甲壬子丁半
丁戊月足
戊庚丁甲官
甲月庚乙
戊丙乙壬

刑
丙甲戊丙
戊々戊壬
訟
甲々己壬丙
火
甲々壬丁々
石
甲々壬丙子

姤
庚月戊乙
壬月丁丙
丙々戊支
庚己子支
乙壬戊丁
乙甲子戊
甲
乙庚丙壬
己々己丙
冲
丁壬丙々

單
甲々丙己月丙子
今半
甲戊月庚壬丁
今斗
甲丙丁庚辛乙
水
子庚月甲
庚月庚己
屯
甲丙戊乙月
戊月戊支
丙己戊庚
甲
乙々庚乙
丙々庚々
丙
庚己月壬
甲々丙甲辛

坎為水
戊支戊庚
甲戊甲丁
甲己乙甲
甲壬月壬
甲月丁〻
甲丙庚甲
甲〻庚戊
甲丙庚戊
丙甲戊甲
丙月壬丁
丙乙丙甲
丙乙壬戊
戊乙戊丁
戊月壬丁
戊丁子〻
戊庚乙丁
戊丙月己
戊丙〻庚
甲戊庚甲

水澤節
庚戊乙乙
庚壬丙壬
壬丙子丁
壬甲〻丁
壬甲壬庚
壬月戊子
壬月丁子
壬庚己丙
壬丙乙庚
壬子〻丙
乙戊壬乙
乙壬己子
乙丁庚丁
乙丁乙〻
乙庚〻支
乙壬〻庚
丁庚己甲
丁戊丁庚

水雷屯
中孚
甲丙子庚
丁甲月己
丙子己支
甲丁〻乙
火
丁甲庚壬
丁月子〻
己丁乙〻
己壬庚丁
子丙己乙
子乙甲〻
子丁庚甲
子乙月丁
子丙甲壬
子庚子己
甲月壬壬丙
甲〻庚戊戊
甲〻戊壬丁

水火既濟
子丁庚丁
甲月庚支
丙月乙甲
戊〻月己
戊〻乙庚
丙乙丙庚
甲〻己壬
丁庚戊丙
丙庚丁子
甲庚己支
甲〻壬子
丙丁甲庚
戊丙甲乙
甲月子壬丁
宎
甲乙丁支
甲庚月丙
戊庚甲戊卫乙

澤火革
水
壬子戊子
乙丁壬丁
戊己戊庚
己戊乙甲
丁〻壬甲
甲丙〻丁
丙甲〻壬
丙丁乙支
甲丁壬〻
丙〻甲庚
乙甲戊丁
壬丙壬庚
己壬戊己
己乙戊〻
己〻戊己
口
己月丁乙壬

雷火豐
戊
丁乙庚戊
己辛庚丙
庚壬己子
甲丙庚乙乙
火
子乙丁己
乙子己〻
甲月己丁
甲乙戊乙
壬子〻戊
丙己乙庚
子庚壬支
子庚丁支
水
甲戊壬庚
丙〻乙己
戊子庚丁〻
丙丁乙丁〻

地火明夷
庚
己丙辛〻
甲〻己丙丙
戊子己丙
甲丙庚丙丁
火
庚丁庚丁
庚辛丁〻
戊甲丙庚
乙丙甲戊
甲〻月丁甲
甲戊月己〻
水
丁甲壬丁
庚丁〻己

地水師
師
甲月戊乙甲
甲〻庚丙壬
甲丙月〻乙
丁己乙壬
甲月丁支
甲月丁〻
甲丙庚甲
甲乙壬〻
乙〻月丁
伏
甲乙庚支
甲壬月疋
丁甲子支
丁乙己戊
庚月〻甲
庚壬丙支
戊丁己壬

戊支戊庚　半　甲ミ庚辛ミ戊　戊子甲丁　戊乙戊乙　工　子乙丁乙　畐　甲丙丁壬乙上　彔　甲ミ戊庚　工　甲月丙酉子　斗　丙壬乙子　戊乙壬戊　甲　丙己ミ乙　丙己乙己　丙子丙ミ

木　甲丙月酉丁　再本　甲ミ庚丙ミ　妄木　甲丙巳乙月　喜　甲ミ丙壬戊　屯丙　甲ミ月丙子　屯戊　甲ミ丙戌　艮虫　甲月乙打　艮斗　甲丙戊解　拔　甲庚丙丙乙

艮　戊ミ丙支　戊甲丙甲　丙壬甲庚　半艮　甲丙乙酉子　斗艮　子丙乙丁　妄艮　甲ミ乙子ミ巳　正妄艮　甲ミ壬巳乙　双艮　子己子ミ支　吉丁　子月己乙　丁　甲ミ戊乙壬　陰　己月庚丙

明屯　甲月ミ戊甲丙　明木屯　甲ミ甲酉子　明屯虫　戊ミ月足　明屯外　甲丙月戊壬　明屯艮　子ミ庚戊子　屯艮　甲丙丁戊　木屯艮　甲丙乙月丁丁　妄艮屯　甲壬乙ミ丙　甲庚戊子乙　空　甲丙壬子乙　甲丙月申巳

官鬼　乙庚月乙壬　甲月辛ミ乙斗　甲乙己甲水　丁甲乙戊水　丙戊丙ミ斗　庚己乙子矢　壬丙壬子矢　甲戊月丁　甲ミ庚子甲　甲月壬酉子　大壯　甲乙ミ子半　甲己ミ丙斗　庚丁ミ甲　庚丁ミ丁

刑　丁乙子支　丁ミ壬己　訟　甲ミ己壬戊　火　甲ミ壬丁乙　石　甲ミ月丁乙　戊甲己ミ　甲ミ己庚

姤　甲丁庚丙　子乙甲ミ　壬乙庚甲　壬月壬甲　戊壬ミ子　乙戊子甲　乙庚甲戊　丁丙戊乙　己丁戊丙　喜

單　甲丙丙子ミ甲　令半　甲月乙壬丁庚　令屯　甲丙丙庚辛己子　水　丙辛巳支　丙丁己支　子丙丁甲　屯　甲丙戊甲　戊　丁乙戊乙　庚　丙甲己庚　甲ミ子壬　冲　甲戊ミ壬

艮為山
戊支壬乙
辛丙〻乙
戊庚戊丙
庚戊壬戊
己甲子甲
丙丁庚己
庚乙丁庚
乙月乙丙
丁子丁丙
乙壬月己
庚〻乙丙
子庚乙支
乙甲子乙
己月甲丁
壬丙壬丁
己月乙支
甲〻乙任
壬庚壬甲
乙丁己〻

山火賁
甲丙戊子
戊丙乙庚
丙丁壬乙
己庚丙丁
甲月乙〻
甲己甲丙
戊甲庚乙
壬月庚甲
壬月庚戊
壬甲丁支
丁戊己子
己子甲壬
己壬月子
子丁戊甲
庚丁子甲
乙庚戊甲
庚壬子丁
己壬戊壬

山天大畜
中孚
甲月辛〻己
甲戊月子丙
火
己壬戊庚
己乙丙甲
甲月乙己戊
甲戊月壬子
壬月戊乙
甲〻庚壬〻
戊月己丁
丁己丁己
甲月壬己戊
甲〻子戊
甲乙己壬
丁甲月壬
壬子己子
庚子丁己

山澤損
丙〻丙己
戊甲子丁
戊己丙子
丙壬〻庚
丁庚月丁
丁丙子乙
甲月〻丁
丙月甲乙
乙壬乙支
壬月壬乙
壬己庚戊
甲戊〻丙
壬月丙甲
壬丁子庚
甲庚甲丁
甲己壬庚
壬庚丁子
壬乙〻支

火澤睽
水
庚丙戊庚
甲子月丁
己壬甲己
丁甲〻甲
乙甲壬戊
乙己〻戊
丙丁子戊
丙乙戊支
戊月壬甲
戊丁己戊
甲戊丁支
乙丙丁壬
定
庚甲戊甲
甲丙甲〻
丙〻子支
丙甲月丙

天澤旅
壬
丁壬乙丁
甲〻丁丁甲
甲庚月己戊
庚丙丁子
甲丙庚甲己
火
庚〻乙〻
庚甲戊丙
庚丁丙庚
乙壬庚〻
甲己〻己
丙丁庚壬
水
乙丙己乙
丁月壬戊
庚甲乙壬

風澤中孚
乙
庚甲〻壬
丁丙乙乙〻
甲丙庚甲子
火
甲丙丁甲
丁甲〻辛
庚丁戊支
戊己月庚
丁月丙乙
己乙丁己
戊丁庚支
水
壬甲乙庚
庚壬甲庚
乙子月庚
己庚子庚

風山漸
師
甲月戊乙丙
甲〻庚庚乙
甲丙月乙丁
丁戊丙壬
丁庚〻丁
甲〻乙丁
甲〻壬丁
丙甲庚丁
伏
壬月子庚
壬丙戊〻
壬庚〻支
庚戊月乙
丙〻子〻
甲庚〻支
丁己戊子
甲戊子乙
丙丁月乙

戊支壬乙 半 甲〻子庚壬 甲〻子庚乙 戊壬戊乙 戊〻子丙 己月丁〻 工 甲丙丁壬〻 富 子乙己乙 录 甲〻戊壬 工 甲月戊卯 斗 甲己月己 甲月丁壬 壬〻己〻 甲壬丙乙 戊壬丙丁 戊丁壬支 甲月〻丁乙 星

木 甲丙丁丙甲 再木 甲〻庚丙壬 妄木 甲丙己乙卯 喜 甲〻丙壬庚 屯丙 甲〻甲丙朋 戊屯 甲〻丙壬庚 艮虫 甲月乙乾 艮斗 甲丙戊庚乙 甲 丙子月甲 子月戊壬

艮 戊〻丙乙 戊甲戊甲 丙壬丙己 庚戊甲乙 半艮 甲丙丁己丙 斗艮 壬庚己庚 子壬戊子 妄艮 甲月〻甲丁子 正妄艮 甲〻壬己丁 奴艮 辛〻甲月支足 吉丁 子月子乙 甲〻戊乙乙 月陰 己月丁壬 空 甲丙壬十壬 甲丙月子甲

明屯 甲月壬戊甲庚 明木屯 甲〻丙己朋 明屯虫 戊〻甲乙 明屯外 甲丙甲朋 明屯艮 子〻乙壬辛 屯艮 甲丙庚丁支 木艮屯 甲丙月辛 甲丙甲朋

官鬼 戊甲壬〻 壬 乙戊乙支 乙庚乙支 水 庚丁子庚 至 丁丙丁戊 大矢 己〻壬〻 千 丙戊庚壬 土 丙甲丁子 己〻己〻 戊丙壬〻 大壯 己乙丁子 半 己〻丙支 乙壬戊子 乙壬乙〻 戊丙壬〻

刑 丁〻丙子 甲己〻支 訟 庚月乙甲 甲〻己壬庚 支 甲〻壬己丁 石 甲〻乙丙甲 己月己甲 甲月丙戊

姤 子〻庚支 丁戊甲丁 丁壬子丁 丁己月己 乙〻子甲 壬丁甲庚 壬庚壬甲 甲丙戊子 甲月乙〻 丙戊子庚 乙子〻丙

革 甲戊丙庚辛丙 令半 甲月〻壬己丁乙 令屯 甲丙甲甲庚月辛 水 丁庚甲〻 子丙己支 丁甲壬丙 甲丁乙壬 屯 甲丙戊己丙 壬屯 丙壬戊庚 丙戊丁庚 乙屯 丙戊乙己 丙〻甲子

震為雷 戊亥丁巳

子戊月乙 丙庚丁乙 戊丁子甲 甲戊丙壬 庚子甲〃 己子丁甲 己乙丁壬 庚乙戊丁 甲壬〃丁 戊丙子甲 乙子月乙 丙甲辛己 戊丙月己 乙月戊乙 乙辛〃乙 壬甲庚子 壬月庚子 壬月丁壬

雷地豫

庚己子甲 乙月戊己 乙丙壬戊 子丁壬丁 庚己庚丁 己月壬戊 庚甲〃己 乙戊庚丁 乙子〃壬 乙〃庚〃 己甲己〃 丁〃子壬 戊庚甲壬 甲月壬〃乙 丙壬月子 己壬乙辛 乙月己丙 庚己乙亥

雷水解 中孚 丁月己乙 火

庚乙子甲 壬月壬戊 乙丙月丁 乙戊甲戊 乙丁月甲 己子庚亥 甲月戊乙壬 甲丁壬子 丁壬辛〃乙甲 壬甲己丙 庚子壬甲 己丙戊庚 乙丙庚乙 甲〃庚壬 甲月壬壬庚

雷風恒

己丙壬己 己壬丁戊 甲〃庚己 丁戊辛丁 丙月壬戊 丙壬月壬 己壬子庚 丁甲丙丁 甲庚〃戊 壬月己乙 壬月戊甲 壬甲乙子 戊壬〃戊 乙戊甲子 己〃壬己 丙〃戊丙 甲〃月乙丙

地風升 水

戊壬〃戊 壬己子乙 乙甲乙己 甲〃乙丙 己壬月甲 庚子乙己 戊乙丁乙 丙月己乙 戊乙丙己 壬庚甲丙 庚月〃庚 庚丁子甲 乙戊子亥 己丙壬亥 定 庚甲乙戊 戊丙己乙 甲乙己丙

水風井 丁

壬甲丙己 甲〃子明 戊乙〃庚 甲丙壬明 火 庚丁戊〃 庚月戊〃 戊丙甲戊 乙丁子壬 壬子庚丁 水 壬〃乙甲 丁乙丁亥 丙戊己〃 庚甲〃庚 甲丙丁亥 丙〃丙庚丁乙 戊己甲壬

澤風大過 己

丁乙丁丙 甲〃壬甲丙 丙壬月甲 甲丙壬〃甲 火 庚壬戊亥 乙己庚戊 庚丙丁庚 乙子己子 壬子庚丁 水 壬甲己子 戊甲丁壬 庚己甲己 壬丙庚壬 壬丙乙丁丁

澤雷隨 師

甲月戊乙〃 甲〃庚庚丁 甲〃甲野 戊月辛〃 丁子戊甲 甲丙月乙己 戊甲壬亥 壬庚己丁 伏 壬〃丙乙 己丙甲〃 壬子丙壬 壬己甲乙 丙戊庚〃 丙〃丙戊 戊丙戊乙 戊己庚乙 丁乙月丁

戊亥丁巳
半
甲〻巳子庚丁
乙月乙〻
乙甲月乙
工
甲丙丁壬己
畐
子乙子乙
录
甲〻戊丁乙
工
甲〻戊己甲
斗
壬己丙壬丁
辛月己壬
辛甲庚己
甲月〻乙巳星

木
甲丙丁〻丙
再木
甲〻庚丙乙
安木
甲丙乙乙丙
喜
甲〻丙壬壬
屯丙
甲〻甲丙〻
屯戊
甲〻丙子壬
艮虫
甲月乙〻子
艮斗
甲丙戊庚丁

艮
甲丙〻月
戊〻戊乙
戊甲庚甲
丙壬戊己
半艮
甲丙丁己甲
斗艮
甲丙丁丁丙
子壬己丁
妄艮
甲〻子丁辛丙
正妄艮
甲子壬〻己
双艮
子〻丙支
吉丁
子甲月乙
甲〻戊丁乙丁
己月子〻阴空
甲丙壬己壬

明屯
甲月戊甲乙
甲月戊丁
明木屯
甲〻丙己甲
明屯虫
戊〻庚乙
明屯外
甲丙甲戊〻
明屯艮
子〻丁子己
屯艮
甲丙丁丙壬
木屯艮
甲丙丙甲丁丁

玄黑
乙〻亥戊
丙戊〻戊外
巳亥丙丙
甲戊丁庚
丁戊月丙
庚月乙庚
丙丁亥巳
巳〻子乙
甲戊乙戊失
大壯
巳〻庚支
巳乙戊甲
巳丁甲巳
巳庚巳〻
甲〻戊亥
甲戊乙戊
乙亥〻子

刑
丁巳月丙
丙亥乙丁
訟
甲〻巳亥〻
火
甲〻亥巳丁
石
甲〻乙丙
戊亥月戊
戊庚丙〻
乙巳戊〻
息索
甲丙月亥支

姤
丁巳月丙
丁子丁乙
子庚子〻
丙月〻巳
乙〻庚〻
乙丙庚乙
巳子〻乙
巳甲巳〻
亥甲庚子
亥甲巳丙
亥乙丁亥
乙丙〻戊
乙丙戊巳

革
甲丙子子丙
甲丙辛乙丙
今半
甲月乙子子月丁
今屯
甲丙亥丙戊辛
水
子丙巳丙
甲丁甲亥
甲子亥支
屯
甲丙戊〻巳
丙乙戊丙
丁防水屯
戊乙丙支
巳
丙巳乙亥
沖
甲丁乙巳

巽為風
戊辛庚支
子戊甲乙
甲子戊乙
亥丁巳亥
巳戊亥〃
巳乙巳乙
庚戊丙亥
庚乙戊亥
亥〃乙支
亥丙甲丁
子乙巳丙
庚子丁支
丙月巳〃
丙庚子丁
庚乙亥甲
甲巳甲支
亥月甲丙
乙甲丁子
乙月亥子

風天小畜
巳月丁子
丙甲乙甲
亥月丙〃
巳庚月亥
亥庚乙丙
戊月丁巳
戊甲丁〃
丙亥戊乙
丁甲丁甲
乙丙月甲
乙戊亥子
丁〃巳甲
丙乙亥庚
丙戊丁丙
子庚乙甲
巳乙〃庚
甲〃月戊乙
甲月亥乙

風火家人
中孚
巳月庚乙
乙子丁甲
火
甲巳丁甲
戊巳子乙
庚丁庚丙
亥甲子乙
乙戊子乙
巳丙庚支
乙巳甲丙
庚乙丁乙
乙〃巳甲
丁丙亥丙
亥丁子巳
丁丙戊丙

風雷益
巳月亥庚
亥庚月丙
甲乙戊丁
甲丁巳丙
甲巳乙庚
丁〃丁子
庚〃丁巳
子月巳子
戊甲丁戊
乙丙子〃
甲〃丁庚
戊甲丙乙
乙戊〃支
巳丁庚丙
庚子亥子
乙月〃乙
亥〃巳丁
甲〃子庚

天雷无妄
水
丙月丁丙
丁甲庚〃
乙月庚丙
戊甲戊亥
庚丙戊乙
戊月戊丁
巳戊丁巳
甲庚甲〃
丙〃丙甲
丙子子巳
甲巳亥戊
戊甲乙丁
庚亥〃乙
乙庚丙乙
丁〃甲〃

火雷噬嗑
辛
丁亥子庚
巳乙亥子
亥〃乙亥
甲亥丙甲
火
子庚乙甲
戊子丁亥
庚戊巳甲
巳乙巳支
丁月亥甲
水
乙丙乙子
丙庚〃甲
甲戊乙甲
定
庚甲戊丁亥乙
戊丁亥戊
丙庚丁支

山雷頤
庚支
丁月乙子
甲〃甲戊甲
乙丁月子
甲丙亥戊甲
火
甲月戊甲
巳丁子丁
乙子乙丁
庚乙〃戊
水
丁巳〃甲
丙甲乙庚
甲丙巳丙
戊子戊甲

山風蠱
師
甲月戊庚乙
甲〃庚巳庚
甲丙月辛巳
丁子亥戊
庚甲亥庚
庚甲子巳
庚丙戊巳
伏
亥乙子乙
甲庚戊〃
乙甲丙〃
乙丙亥巳
庚子丙支
巳亥子亥
丙巳戊支

火 火 屯

戊辛庚支　牛　甲二辛二庚　甲丙月二庚　甲二子亥乙　巳丙丁支　巳戊月巳支　上　甲丙丁子亥　畐　子丁月乙　尿　甲二戊丁二　工　甲月戊丙巳　斗　丙庚乙亥子　甲乙二巳支　甲　丁甲子巳子　子丙甲丁支

木　甲丙丁戊丙　再木　甲二庚丁丙　妄木　甲丙巳戊乙　喜　甲二丙乙亥　老丙　甲二甲丙二　老戊　甲二丙乙子　艮虫　甲月丁甲子　艮斗　甲丙戊巳庚　艮　乙甲丙亥　庚斗　甲巳乙巳

艮　戊二庚丙　戊甲亥甲　丙亥庚亥　半艮　甲丙丁丙巳　斗艮　甲月亥子庚　妄艮　甲二丁續子　正妄艮　甲二亥子巳　双艮　辛二庚支　辛二亥支　吉丁　辛甲二乙　甲二戊巳乙　陰　乙甲二巳　空　甲丙亥子亥

明老　甲月戊子巳甲　明木老　甲二丙二巳　明老虫　戊二乙亥　明老外　甲丙甲丙支　明老艮　辛二辛二　甲月二月子　老艮　甲丙丁乙支　木老艮　甲丙甲戊丁　甲丙甲庚丁　妄老　甲戊亥乙巳

容思　乙丁亥子亥　丁巳戊庚水　乙甲月戊至　丁庚巳乙千　丙戊乙甲大　亥甲丁子矢　丁巳庚丙　甲亥戊二火　丁子亥乙斗　大壯　巳二月子半　巳丁亥巳斗　丙辛甲亥　丁庚巳庚　甲亥戊二　巳丙二亥水　合　甲丙月亥丙

刑　子月丙亥　戊二月子　亥戊丙亥　訟　甲二巳乙亥　火　甲二亥子丁　石　甲二乙戊丙　丙巳子巳　戊子戊二

始　子甲月丙丁亥　戊丁巳、戊甲丙丁月庚亥二子丙　丙甲乙甲　亥庚乙丙　丁月乙丙　丁乙亥庚

卑　甲丙子巳丁丙　今半　甲月乙丙甲丁　今老　甲丙亥庚子　甲丙亥二子　冰　亥庚丁巳　丁甲庚二　甲亥月亥　老　口甲丙戊庚巳　庚丙二戊　子　丙巳戊丁　支　亥乙丁戊　丙二乙甲　沖　甲丙月亥子

離為火
庚支甲丙
子戊丙乙
亥丙乙甲
甲月甲支
丁子子丙
亥子乙庚
甲子亥戊支
己乙〃丁
亥丙乙〃
丙辛乙亥
亥子丙丙丁
庚戊〃丙
亥子丙支
亥〃庚丁
己丁己乙
亥月戊己
戊甲庚己
乙甲丁〃
戊甲月己
庚乙庚支
庚乙子庚
乙丁〃庚
乙己月乙

火山旅
己庚戊甲
丁子庚戊
己乙子辛
庚亥庚丁
亥丁月癸
己月〃亥
亥子亥乙
己〃辛亥
丙戊月丁
丙子己庚
戊亥甲己
甲〃甲丙
丙〃乙支
庚戊甲丙
庚月甲丙
亥乙亥甲
甲〃庚丁亥
亥月丁庚
甲月庚乙
甲月亥己亥
戊子月甲
亥丙庚丁

火風鼎
中孚
戊月〃亥
戊庚亥己
丙甲庚丁
甲丁戊乙
丁亥丙丁
丁〃甲丙
戊庚甲乙
丙子甲丙
甲〃乙己
乙戊甲乙
庚丙庚己
亥丁庚丁
亥子庚甲
乙己庚己
火
甲亥甲乙丙
己乙甲己
己丙丁乙
子乙月己
亥己丙〃

火水未濟
亥丁庚子
戊甲〃乙
甲己甲庚
甲己丙乙
丁丙己甲
甲庚丙〃
丙丁庚甲
戊庚甲丙
己乙〃支
甲〃己辛甲

山水蒙
水
丙丁戊支
乙庚子乙
乙月丁子
乙月亥庚
乙戊甲乙
乙戊丁戊
乙〃乙己
己亥甲〃 斗
甲亥丁支
乙庚月甲 犬
丁戊月辛
丙戊辛
甲庚甲辛
戊〃亥庚
亥〃己亥
乙庚〃丁
乙〃己丙
空
庚丙月庚
甲乙亥丙
丙庚辛戊

風水渙
甲
丁己辛丙
甲〃己亥支
亥乙亥丙
甲丙亥庚甲
丙亥甲亥
火
亥乙子庚
子庚丁甲
戊丙月甲
丙亥丁支
水
丙丁己亥
己亥乙丁
庚戊乙庚
庚己月乙
乙戊亥丁
甲戊甲丙庚

天水訟
丙
丁己辛丙
甲〃己亥支
亥乙亥丙
甲丙亥庚甲
丙亥甲亥
火
亥乙酉亥庚
酉辛庚酉己甲〃
戊子乙甲
戊〃戊甲 夕
丙乙月辛
水
庚戊庚辛
庚乙丙支

天火同人
师
甲月戊亥己
甲〃庚子庚
甲〃乙己甲
亥己庚甲
亥甲亥甲
丁子乙〃
甲丙甲月乙
亥丙〃庚
伏
丁辛甲丁
戊甲月己
丙乙丁庚

庚支甲丙
半
甲丙月甲丙庚
乙戊庚子
乙庚乙亥
工
甲丙乙月亥
畐
子丁甲乙
录
甲二戊巳丁
工
甲月戊二巳
斗
甲戊乙二甲
乙甲丙乙丙
甲
子戊月丁甲
甲巳乙丙丙
甲月甲月乙呈

木
甲丙丁庚丙
再示
甲二庚巳丙
妄木
甲丙丁戊巳
甲丙巳戊巳
喜
甲二丙丁亥
屯丙
甲二甲戊丙
屯戊
甲二丙丁子
艮蛊
甲月丁甲子
艮斗
甲丙戊辛庚
空
甲丙乙月亥
非冬
甲丙甲丙甲

艮
戊二亥二
庚丙乙支
戊乙月巳
半艮
戊二巳子
斗艮
甲月乙戊乙
妄艮
甲二丁孔子
正妄艮
甲二乙月巳
双艮
辛二辛支
吉丁
辛甲丙乙
甲二戊子乙
陰
巳甲庚甲

明屯
甲月甲庚月戊甲
明屯木
甲二丙戊巳
明屯虫
乙丙月戊
明屯外
甲丙甲戊二
明屯艮
甲月二丙甲辛
屯艮
甲丙丁二支
木屯艮
甲丙甲亥丁
甲丙甲乙丁
旧木屯
巳二戊丁

官鬼
乙辛甲丙
乙辛丙戊
甲丙子庚　水
丁乙甲二
甲巳丁亥
甲月乙丁巳
甲戊巳亥
亥甲戊丁
丙巳丁子
乙丁亥丁
丁二丁乙
大壯
巳丁甲戊　半
巳乙庚辛　半
巳辛丁丙
甲二巳丁
甲二巳亥
丁巳庚亥

刑
甲庚子庚
巳二巳亥
戊丙亥巳
讼
亥丁闺茫
火
甲二乙月丁
旅
甲二乙庚丙
亥庚子丙
甲戊月戊
亥丙亥丙
乙戊乙甲
合
甲丙庚月丙

姤
戊丙丁丙
庚亥庚丁
庚辛二巳
乙甲丁二
甲丙亥孔子
甲月乙亥
丙戊月丁
亥丙子戊
巳辛戊二

車木
甲丙辛二丙
令半
甲月乙明丁
令屯
水
乙月亥庚
丙丁丙巳
屯
甲丙戊亥巳
甲乙二辛
戊丙二乙
甲
丙庚戊乙
戊庚丁丙
丙
丙戊庚丙
沖
甲戊二亥

坤為地
庚亥戊庚
子戊〻乙
己月庚亥
丁亥月丁
庚戊丁甲
戊己丙丁
亥甲丁戊
甲月辛甲
亥月庚亥
丁庚戊〻
己戊己戊
戊〻戊辛
庚亥丁亥
亥甲戊乙
亥丁己辛
己〻己乙
己月甲亥
甲月子己乙
丁丙己戊
乙己丙戊
丙戊甲戊
亥月戊丙
甲〻庚〻己

地雷復
丁乙月丙
亥乙甲己
戊月己庚
丁庚乙亥
甲〻戊丙
丙亥〻己（寿）
乙甲己丙
甲戊子亥
乙子〻乙
甲〻月乙亥（夕）
丙〻子己
丁乙月丙
甲亥〻己（木）
戊丙庚〻
戊己丁庚
庚丙亥丁
庚丁亥子
亥丙戊乙
己〻辛丙
甲〻庚戊己
甲〻庚己亥

地澤臨
中孚
己甲丙亥
乙丙〻乙
甲月乙甲
丙月丙庚
甲亥庚辛
乙己月庚
戊庚己子
乙丙子亥

地天泰
庚丁子亥
戊丁己庚
甲子丁亥
甲戊乙亥
甲己亥子
己乙〻乙

雷天大壯
水
乙戊丙甲
庚丙甲丙
甲戊甲丙
丁乙〻丙
庚亥戊甲
庚子庚甲
亥戊〻亥
乙辛戊甲
甲己月戊
辛月甲庚
丙亥乙己
庚亥乙亥
乙亥丙甲
空
庚丙甲乙
甲戊甲辛
甲己乙亥

澤天夬
戊
丁〻丁亥
甲〻戊丙甲
乙亥庚亥
甲丙亥乙甲
己庚己子
火
乙〻己〻
庚〻丁戊
己丁子亥
戊亥庚甲
庚月丁
庚甲己丙
庚戊乙子
水
甲丁丙丁
庚甲月甲
甲庚丁庚

水天需
庚
丙甲亥辛
甲〻戊庚甲
亥戊甲丙
甲丙亥丁甲
火
庚月己〻
庚月甲亥
乙子戊丙
丙辛〻亥
庚子己亥
丙〻亥丁
乙辛乙亥
水
丁庚亥甲
戊月戊甲
丙〻丁己

水地比
師
甲月戊乙〻
甲〻亥月庚
乙丙己戊
丁子己丙
甲丙甲〻乙
甲〻庚〻子
乙戊月子
伏
庚月甲己
乙子戊庚
甲子戊己
戊子亥己
丙己〻丁
甲戊子亥
庚戊甲辛
丙月己丁

庚支戊庚
半
甲丙月戊庚戊
乙亥子支
乙々亥巳
工
甲丙巳甲亥
畐
子丁丙乙
彔
甲々戊子丁
工
甲月戊庚巳
斗
乙丙乙巳戊
乙庚甲庚
甲月巳月乙
甲
丙巳丙丁
子亥丙丁

木
甲丙丁亥丙
再木
甲々庚子丙
妄木
甲丙巳庚巳
喜
甲々丙巳亥
屯丙
甲々甲庚丙
艮蛊
甲月丁丙子
艮斗
甲丙庚月庚
木屯一
乙亥甲子

艮
庚々月子
庚丙丁支
戊乙甲々
半艮
甲丙丁庚巳
妄艮
甲々丁子巳辛
正妄艮
甲々乙甲巳
双艮
辛々辛巳支
壴丁
辛甲戊乙
甲々庚月乙
陰
巳甲亥丁

明屯
甲月庚戊丙甲
昭木屯
甲々戊庚巳
昭屯蛊
戊庚戊辛
昭屯外
甲丙甲庚戊
昭屯艮
甲月々庚戊甲
屯艮
甲丙丁巳支
棄艮
甲丙甲巳丁丁
空
甲丙乙甲亥
非冬
甲丙甲戊甲

官鬼
乙辛戊々亥
乙辛丙戊升
丁々乙々水
丁乙丁々角
丙庚巳戊千
甲々子乙
甲庚亥丁丁
戊辛丙戊蒙
大壯
巳亥戊辛辛
巳庚々庚斗
甲亥庚乙
戊月甲乙艮
亥丙巳庚
丁々丁庚
巳亥月足

刑
甲々丁亥
子月亥支
訟
甲巳々亥
甲月巳々庚
火
甲々乙甲丁
巫
甲々乙亥丙
亥戊辛々
合
辛庚丙甲

始
丙乙丁々
巳々巳乙
戊々戊々
庚甲丁子
亥巳月足
庚屯
甲々丁々巳
沖
乙子乙戊

單木
今半
甲月乙巳子子
今屯
甲丙亥乙巳辛
水
巳甲丙亥
辛丙辛丁
甲巳々乙
屯
乙子巳丙
甲丙戊乙巳
戊
丙亥月乙
乙戊亥巳
庚
巳庚乙亥
戊亥戊巳
巳乙庚丙

兌為澤

庚支亥乙
子戊庚乙
亥〻甲丙
亥庚戊丁
甲月亥子乙
庚辛丁丙
乙甲乙戊
戊甲月庚
亥丁亥〻
丁乙亥支
戊亥月丁
乙亥巳亥
亥月乙〻
丁乙月乙
庚亥甲丁
丙月丁巳
戊子甲乙
庚亥甲乙
巳丙〻丙
亥乙戊〻
丙月乙庚
丙甲亥支
乙月甲乙

澤水困

甲月丙支
庚丁丙子
乙巳丁支
乙甲庚亥丙
丁甲〻戊
甲巳甲亥
甲丁乙庚
乙丙乙丙
巳子〻甲
巳月甲辛
庚子乙子
丁乙丙甲
庚子月丁
丙戊庚戊
丙巳子支
乙巳〻辛子
甲〻庚辛
甲〻乙子
庚丙〻乙
甲〻月亥乙
甲月乙甲亥
甲子月巳

澤地萃

中孚
戊亥庚乙
甲月巳〻
丁亥庚丙
甲乙庚乙
戊甲丙巳
乙亥〻巳
亥子丙丁
丙月〻亥
乙丁亥戊
戊
火
庚巳月巳
亥丙丁乙
乙甲丙支
乙丁巳〻
巳月巳乙
巳子丁戊
乙丙丁戊
庚丙月丁
戊子丁戊

澤山咸

乙月亥丁
庚乙巳亥
乙亥丁亥
乙巳甲巳
巳甲丙巳
甲〻巳乙
甲乙丁戊
甲辛乙庚
丙戊甲丁
丙丁甲丁
丙丁戊亥
丙〻丁甲
丙庚月乙
庚乙子丁

水山蹇

水
巳亥月丙
亥庚乙子
亥月亥巳
丁〻子丙
丁〻月丁
亥巳庚乙
丙庚月乙
甲庚乙子
甲丙乙子
乙甲〻亥
戊巳辛丙
丙辛丁戊
乙戊丁庚
乙子庚丁
巳庚乙丙
巳亥乙丙
空
庚丙戊〻
丙乙庚巳
丙乙〻支

地山謙

壬
丁戊月乙
亥甲亥甲
庚亥庚戊
甲丙亥巳甲
巳辛甲支
火
子乙丙子
亥丙丁巳
丁丙庚丁
丁戊丁支
庚乙亥〻
水
丙〻辛亥
丁月甲辛
丙辛庚辛
甲亥月丁
亥丁庚亥
戊乙月庚

雷山小過

乙
丁巳乙庚
甲〻庚月甲
乙丁丙支
乙丙巳支
甲丙亥子甲
辛丁戊丙
火
甲丁〻甲
辛亥丙支
庚乙甲亥
辛亥月巳
水
甲〻庚戊
丁甲〻巳
乙月辛丙
甲丁乙丁
戊亥子丙
巳丁巳甲

雷澤歸妹

師
甲月戊丁乙
甲〻亥甲庚
甲丙甲丙乙
丁辛〻亥
丁亥〻戊
甲月辛丙乙
甲〻庚亥子
甲月丙支
亥月戊〻
伏
庚月〻丁
乙丁戊巳
戊〻庚亥
庚戊月甲
庚辛戊乙
丙戊亥巳
丙亥〻戊

庚支文壬乙　木　艮　旺老　甘思　刑　姑　亨半
半　甲丙丁乙丙　庚二甲亥　甲月庚亥二甲　庚二月亥亥　子丙戊支　亥乙戊二　甲月巳二丁
甲丙月乙亥庚　再木　庚丙支巳　旺木老　甲月亥二支壬　丙庚二丁　亥丁戊甲　亨老
乙巳丁子　甲二亥月丙　戊乙戊支　甲二丙亥巳　丙丁丙支升　戊丙戊甲　亥巳庚子　甲丙乙卯子
乙子月戊　安木　半艮　旺老虫　甲亥巳乙水　戊二巳庚　丁月丁乙　水
庚巳子巳　甲丙巳亥巳　甲丙丁亥巳　戊庚乙辛　丁二丙庚大　訟　庚巳亥丙　乙子庚丁
工　天旨　斗艮　旺老外　丙庚乙戊午　甲二巳子亥　庚甲月巳　子戊甲巳
甲丙巳丙亥　甲二丙辛亥　甲月巳亥丁　甲丙甲亥戊　巳二戊乙　火　戊二庚戊　老
畐　老丙　安艮　旺老艮　甲亥二庚　甲二乙丙丁　巳丙二丙　甲丙戊丁巳
子丁戊巳　甲二丙亥丙　甲二巳卯子　甲月二乙亥辛　庚丁丙亥　屁　丙甲亥支　乙亥庚戊
泉　老肥　正安艮　老艮　甲二乙戊　甲二乙二丙　子庚二丙　壬老
甲二庚月丁　甲二丙子二　甲二乙丙巳　甲丙丁辛支　甲丙二甲　乙戊乙乙
斗　艮虫　双艮　木老艮　大壯　甲二丁月足
巳子丙丁亥　甲月丁戊子　甲月二甲支二　甲丙甲辛丁　亥丙巳丙　亥巳庚亥
丁月丁甲乙　艮斗　吉丁　甲丙二月丁　巳庚丙戊　乙
甲　甲丙亥甲庚　辛甲庚乙　空　甲二乙戊　丙亥乙丁
辛亥二丁亥　甲二庚甲乙　甲丙乙丙亥　甲二乙甲　沖
子乙戊丁乙　陰　非冬　甲丙二甲　乙子子甲
工　星　巳甲辛支　甲丙甲庚甲　甲亥丙巳亥
甲月戊亥巳　甲月甲丙乙

乾爲天
庚支丁巳
子戊亥乙
甲丙庚支
庚子〻亥
甲〻亥庚子
乙丙甲丁
巳子乙亥
甲〻丁甲巳
戊〻丙辛
亥乙巳亥
丁甲〻支
乙戊子〻
乙丙戊〻
巳庚乙支
庚丙戊支
庚亥辛庚
亥月甲戊
甲月辛支
亥月戊亥

天風姤
乙丙〻丙
丁亥〻甲
庚辛庚戊
乙亥戊〻
丁戊子丙
甲亥乙戊
庚甲丙丁
戊巳庚亥
乙巳戊亥
丁乙庚乙
丙〻乙子
甲〻亥月亥
丙庚戊巳
戊甲丙戊
巳月〻巳方
戊庚〻庚
庚亥丁戊艮
甲月乙戊亥

天山遯
丁戊子丙
甲〻月丁巳
丙庚亥丙
甲巳〻戊
戊巳月戊
庚亥巳乙
亥月丁甲
巳辛月子
亥甲丙戊
亥丁亥戊
乙丙亥甲
乙亥月丙
乙〻戊子
乙子甲子
乙子丁〻

天地否
中孚
戊甲庚戊
庚辛亥巳
巳〻丁子
巳亥丁庚
丁丙巳亥
丙月〻戊
丁甲子乙
甲庚月甲
甲丁月戊
乙甲戊支
乙〻丁乙
子月巳〻
亥〻月丙
甲戊丙戊
甲戊亥巳
甲戊丙丁

風地觀
水
丙甲乙巳
亥丙丁庚
庚月亥支
丙亥月足
丁月亥庚
甲戊庚亥午
子月亥甲
戊巳乙丁
戊子戊亥
甲丙亥〻
丙乙〻丁
亥月戊支
丙乙子丁
丙巳子戊
亥甲月甲
亥丙戊亥
乙甲子巳

山地剝
丁
丁子甲戊
丁甲乙〻
丁甲丙庚
甲丙乙月甲
乙子丙巳
乙丁乙亥
火
丁甲月子
庚亥甲辛
亥甲子戊
乙辛亥丙
丁巳子丁
水
丁甲亥〻
乙巳月丙
乙庚甲丁
乙亥巳乙

火地晉
巳
戊甲丙辛
亥甲戊庚
戊巳〻戊
甲丙乙甲〻
亥〻乙丙
火
庚丙丁甲
庚子月子
乙丁子丙
丙乙月戊
水
乙丁〻支
丙甲月戊
丙巳月足
丁庚丁巳
乙巳〻丙
乙亥巳丁
巳丁戊乙

火天大有
師
甲月戊巳乙
甲〻亥丙庚
丁甲庚丁
甲丙甲戊乙
丁巳子〻
丁巳乙丁
丁甲丁戊
丁〻子乙
伏
甲月子甲
戊辛丙庚
乙甲丁亥
空
丙戊丁亥
丙丁丙〻
丙巳戊亥
亥巳辛巳
庚丙亥丙

庚支丁巳
半
甲丙月巳丁庚
乙戊子戊
乙戊亥二
工
甲丙巳戊亥
畜
丁子庚巳
尿
甲二庚甲丁
工
甲月戊仙巳
斗
乙丁丙丁
巳亥辛乙
甲
子丁月巳
丁甲月丙
甲月甲戊巳

木
甲丙丁二丙
再木
甲二戊亥丙
安木
甲丙巳乙巳
哀
甲二戊月亥
老丙
甲二甲乙丙
老戊
甲二戊月辛
艮虫
甲月丁庚辛
艮斗
甲丙庚丁二
丙乙丙辛

艮
庚二丙丁
庚丙子支
戊乙戊丁
半艮
甲丙丁乙巳
斗艮
甲月子月亥
安艮
甲月巳戊丙辛
正安艮
甲二乙戊巳
双艮
甲月二戊丙支
吉丁
子甲亥二
甲二庚丙乙
陰
巳甲辛巳

孤老
甲月庚丁乙甲
孤木老
甲二丙乙巳
孤老分
甲丙甲乙戊
孤老艮
甲月二丁巳辛
老艮
甲丙巳月足
木老艮
甲丙二丙甲丁
木老
丁子乙丁
空
甲丙乙戊亥
勉分
甲丙甲亥甲

官鬼
甲乙二支 亥
丁亥月戊 升
甲戊甲巳 土
丁二丁二 山
丙庚二乙 千
甲乙亥巳
庚乙甲丁
庚二乙子 千
亥庚甲亥 妻
大壯
巳戊乙丁 半
巳戊巳子 斗
乙亥甲乙
甲丙戊甲
甲乙庚丙
甲亥庚戊庚

刑
甲亥月乙
松
甲二辛月亥
火
甲二乙戊丁
石
甲二乙丁丙
庚月亥丙
甲庚月丙

始
丁月二庚
丁巳子支
丁辛庚二
丙二乙子
丙亥子丙
子庚乙丙
子乙子二
宝宇
甲月乙子丁
甲月丁丙丁
金老
亥月丁戊
子甲丙甲
丁甲亥乙

老
甲二丁月巳
甲丙戊巳二
甲庚二丙
亥甲丙亥
巳庚丙乙
丁
丙亥丁戊
戊乙巳戊
亥辛丙庚
始
巳
丙乙戊丁
甲巳庚亥
戊丁戊甲
冲

坎爲水
庚辛壬支
子戊乙乙
子甲亥甲
亥庚亥〻
亥〻丙丁
亥月乙子
亥子戊甲
丁丙丁甲
亥丁甲戊
甲〻戊支
己〻戊丁
亥戊〻丁
戊庚子甲
庚乙丙乙
丙己亥乙
丙己〻子
亥己月丁
丙〻丙支
丁甲丙乜

水澤節
甲子丁丙
甲丁〻支
戊庚己甲
己子甲丙
亥甲乙己
己亥子丁
丙乙己〻
甲〻丙戊
甲丁己乙
子戊甲丁
亥戊亥戊
亥庚〻戊
己丁己丙
乙甲〻戊
戊甲戊己
乙月戊甲
亥戊己丁
乙〻己戊

水雷屯
丁戊庚己
丁己戊乙
甲亥丁子
亥子甲己
乙戊辛亥
戊甲庚〻
亥月甲己
己戊丙甲
己〻乙丙
中
甲庚〻乙
丁丙己〻
甲〻亥甲
戊庚丙庚
甲〻月乙己
甲月亥庚亥
己〻庚丁

水火既濟
中孚
丙月乙丁
丁甲己丁
乙〻子乙
庚甲丙戊
丙丁乙己
甲乙甲戊
子丙月亥
亥乙己乙
戊〻己丙
甲乙甲支
甲庚戊亥
甲庚乙支
丙己丁亥
庚〻丙甲
乙丙子丁
乙〻子乙

澤火革
水
戊亥丙子
甲亥月戊
丁〻子戊
庚丙庚亥
辛亥〻甲
丙子丙乙
丙甲〻戊
戊月庚丁
丙甲己乙
丙〻月庚
庚丁己丙
亥丁戊乙
乙丁子戊
空
庚戊丁支
甲丙甲乙
甲丁亥庚

雷火豐
辛
丁己甲支
己〻月差
丁〻亥〻
甲丙乙戊甲
庚甲乙丙
乙〻月己
丙〻亥〻
火
丙乙亥辛
丙己丁乙
戊亥丁支
己乙丙〻
己亥己支
水
己辛庚甲
丁戊丁〻

地火明夷
亥支
己亥子支
己子戊甲
丁己甲丁
甲丙乙甲
庚甲乙庚
乙〻月乙
火
庚丁
亥庚丙戊
丙戊庚辛
甲庚丁乙
水
丙己子
庚丙〻
丙乙丁
乙戊乙亥
甲戊月戊子

地水師
師
甲月戊子乙
甲〻亥戊庚
丁己丙乙
丁乙戊亥
甲丙甲庚乙
丁辛乙亥
甲丁己乙
甲〻戊支
丁子丙乙
伏
戊子己庚
亥甲己己
乙亥丁子
己乙子亥
丁丙戊甲
乙甲亥丁
丁甲〻乙

庚子壬亥 木 艮 旺走 无妄 刑 姤 午半
牢 甲丙丁巳丙 庚二戊子 甲月庚子巳甲 甲乙辛巳 辛庚月丁 亥丁月丙 甲月丁丙甲丁
甲丙甲月甲子庚 再木 庚戊月足 旺木走 乙亥丁二 辛亥月甲 辛丁甲支 今老
庚甲戊支 甲二戊乙丙 戊乙庚亥 甲二丙丁巳 甲丙子乙 讼 亥戊巳甲 甲丙乙庚辛
戊庚丙庚 安 牢艮 旺虫老 丁二子支 甲二子甲亥 亥戊丁二 甲丙乙亥辛
上 甲丙巳丁巳 甲丙丁二巳 戊亥甲二 乙戊巳乙 火 丙二丙支 系
甲庚乙庚亥 芮 斗艮 旺老分 戊丙亥乙 甲二乙庚丁 丙乙巳二 辛庚亥甲
畐 甲二戊甲亥 甲月辛 甲丙甲丁戊 巳丁甲子 石 子丁戊支 老
子丁亥乙 老丙 妄艮 旺老艮 甲庚戊子 甲二乙巳丙 丁巳丁乙 甲丙戊辛巳
采 甲二甲丁丙 甲二巳亥庚子 甲月二子 丙亥月丙 庚甲丁庚 甲二乙亥甲
甲二庚丙丁 老戊 巨妄艮 甲月甲月子 丁庚月巳 丙子庚戊 辛
工 甲二戊甲子 甲二巳庚巳 老艮 大壮 亥乙丙甲 丙乙戊辛
甲月戊丁巳 艮半 双艮 甲丙巳甲支 亥二辛二 刑 亥支
斗 甲月丁亥辛 甲月二亥庚支 木老艮 巳辛巳支 亥丙二丁 亥庚丙庚
乙巳庚辛 甲亥庚辛庚 亨 甲丙二庚戊丁 甲庚戊子 乙月丁丙
乙辛亥支 艮斗 子甲乙二 空 戊丙亥乙 乙戊庚乙
甲 甲丙庚戊庚 丁 甲丙乙庚亥 甲月乙庚亥 戊庚二巳
乙戊二支 系出 甲二庚巳戊 絕冬 沖
巳亥庚辛 甲月乙二甲 阴 甲丙甲乙甲 甲戊二亥
甲月甲庚乙星 巳丙甲丙

艮為山

亥支甲丙

子戊丁巳
亥月亥庚
乙子庚〻
戊庚丙支
丁亥甲庚
丁子〻庚
丁巳〻酉
庚乙月乙
乙丁甲子
亥戊庚甲
亥子巳庚
丙戊甲亥
庚〻乙亥
戊甲子〻
甲辛庚甲
亥丁月辛
亥〻亥丙
丙巳月乙
丁子巳庚
庚丁月丁
庚丁乙亥
乙戊乙丁

山火賁

亥月庚支
庚巳月丙
庚丙庚支
甲〻丁巳
丁亥〻巳
乙亥甲巳
甲戊乙丁
甲丙庚巳
丁乙巳丙
丁巳丁丙
甲〻亥〻
巳丁甲支
乙巳〻甲
庚戊乙丁
甲月甲戊
巳亥辛巳
亥乙庚亥
巳乙戊丙
甲月戊巳
戊甲戊〻
亥丁丙支
丙戊庚支

山天大畜

甲亥丙巳
亥丙甲庚
庚亥巳戊艮
庚巳戊乙
丙乙月丁亥
甲〻亥丙墓亥
戊丙甲
丙子巳子
甲〻月子乙
甲月乙亥〻
亥子戊亥
乙丙乙甲

山澤損

中孚

戊丙月乙
亥月巳丙
乙丁子〻
戊亥乙辰
丙〻巳支
巳子丁子
乙巳〻丁
巳〻月丙
庚子月甲
甲丙戊丁
丁甲乙庚
丙巳丁戊
庚丙甲亥
亥丙庚支
亥丁子戊
巳庚丙亥
巳亥丁子

火澤睽

水

戊丙月乙
丙子丙巳
亥丙庚子
子庚戊巳
甲月亥庚
戊丁乙〻
戊子丁甲
庚巳月子
亥戊子支
乙〻子巳
乙子〻庚

天澤履

甲

丁〻庚丙
甲〻乙庚
甲乙戊支
甲丙乙庚甲
甲亥庚〻

火

戊亥月甲
亥巳乙支
丁子甲〻
亥丙乙丙

水

子甲丙亥
巳亥丙庚
甲庚月戊
丙乙〻甲
丙〻月丙
戊庚〻支

風澤中孚

丙

丁乙戊支
巳戊亥乙
甲庚戊支
甲丙乙亥
丁甲乙甲

火

子亥丙子
亥丁亥庚
丁巳戊支
乙丙戊甲

水

甲月丙乙
亥甲亥丁
戊子丁亥
巳庚丙庚
甲戊月戊巳

風山漸

師

甲月庚月甲
甲〻亥庚〻
子戊丙子
甲丙甲亥乙
丁月乙〻
丁子巳庚

伏

亥乙丙子
甲丙亥乙
亥丙庚乙
甲子乙巳
丙庚月甲

亥支甲丙
牢
甲丙甲丙二庚
庚丙甲戊
庚丙戊丁
上
甲丙巳亥二
畐
子丁乙二
尿
甲二庚戊丁
工
甲月戊巳二
斗
丁乙甲丙 甲
丁甲亥乙 丙
甲
丁亥甲乙
子丁亥戊
甲月甲亥乙 星

木
甲二丁子丙
耳木
甲二戊丁丙
妄木
甲丙巳二巳
天士節
甲二戊丙亥
老丙
甲二甲巳丙
老戊
甲二戊丙子
艮虫
甲月丁乙子
艮斗
甲丙庚二庚
系虫
甲月乙丁甲

艮
庚亥庚子
庚二庚巳
亥丙月丁
半艮
甲丙丁巳二
斗艮
巳二亥戊
巳庚丁支
妄艮
甲二巳丁乙辛
正妄艮
甲二乙亥巳
双艮
甲月二丁乙支
吉丁
子甲丁乙
甲二庚二乙
阴
巳亥乙巳

旺老
甲月亥甲月甲
旺木老
甲二丙巳二
旺老艮
甲月甲丙二子
旺老虫
戊亥戊丙
旺老竹
甲丙甲巳戊
老艮
甲丙巳丙支
木老艮
甲丙二乙亥丁
木老
甲亥庚甲子
空
甲丙乙亥二
非冬
甲丙二丁甲

良思
乙庚戊甲 亥
甲戊庚戊 升
戊丁子亥 水
甲戊二庚 玉
甲庚亥二 丰
亥丙辛二
甲丁戊巳
巳丁庚二
甲乙亥子 壮
大壮
亥庚丙二
亥丙庚甲
巳二甲丙
甲乙亥子
亥丙巳丁

刑
子亥月丁
庚亥乙庚
讼
甲二亥丙亥
火
甲二乙亥丁
石
甲二乙子丙
乙巳亥戊

始
庚月辛
子丙亥丁
庚亥戊巳
亥二丙庚
丙乙月丁

与牢
甲月丁戊庚丁
与老
甲丙乙二子
甲丙乙丁子
老
甲丙庚月巳
子戊亥丙
甲丙巳支
甲
甲巳子庚
丁子月子
庚亥巳丁
丙
甲二丁甲

震為雷
亥亥戊庚 子戊巳乙 庚〻亥丁 丙戊乙亥 亥戊亥〻 戊乙亥甲 庚巳甲丁 庚巳子乙 庚乙丁戊 甲丁〻丁 巳丁〻子 甲亥丙庚 丙乙〻丙 戊〻子亥 戊亥丙丁 子戊庚丁 庚丁子乙 庚亥〻乙 甲巳庚戊

雷地豫
庚月庚甲 巳子庚丁 甲子戊亥 甲〻丁〻巳 中艮 甲月庚甲 戊甲月丙 乙月巳〻 乙月戊丁 戊巳庚〻 巳子乙丁 庚亥子〻 庚丙子巳 丁巳甲子 丙甲子丙 丁甲庚丙 丙乙月甲 甲子亥乙 戊巳戊甲

雷水解
戊子甲戊 丙子〻丙 庚戊丙巳 庚〻子巳 亥〻巳亥 乙丁〻子 丁乙丁亥 巳亥丁巳 甲〻亥戊亥 甲月乙〻亥 乙〻庚巳 甲〻戊庚 甲子亥巳 庚月丁庚

雷風恒
中孚
甲丁甲亥 庚乙〻巳 亥甲丁庚 甲〻丁庚 甲〻丁〻 甲〻巳亥 乙丁甲庚 丙庚甲亥 乙甲月丁 亥〻甲亥 丙乙月甲 庚月亥子

地風升
水
亥庚月巳 甲子〻甲 甲庚丙丁 甲丁子丙 庚月甲亥 子丙巳丁 巳子丁亥 丙子月丙 丙巳戊子 戊庚亥丙 巳〻亥乙 丙辛丙子 亥巳乙戊 乙丙亥子 丁巳丙亥 巳子亥乙

水風井
戊
亥子庚乙 亥甲庚甲 亥乙戊子 甲丙乙〻甲 亥丁乙〻 火 丙子〻戊 乙子巳亥 庚乙月戊 水 丁戊甲丙 戊丁〻子 丙巳月巳 丙丁乙子 庚子亥庚

澤風大過
庚
巳月〻巳 甲〻乙甲〻 巳子巳丙 甲丙乙丁戊 乙丁巳乙 火 戊巳月丁 庚丙辛巳 丁庚戊子 戊丁子丙 水 巳辰亥甲 丙〻巳甲 甲亥戊甲 丙戊丁丙 亥月乙丙

澤雷隨
師
甲月庚丙乙 甲〻亥〻庚 甲丙甲乙〻 甲〻丁巳〻 甲亥丙庚 甲月庚甲 甲〻甲庚 甲子亥乙 伏 戊〻甲丙 丁庚丁庚 乙月丁乙 甲乙巳庚

亥亥戊庚
半
甲丙甲戊庚
甲丙甲庚〻
庚丙乙甲
庚〻月乙
工
甲丙巳乙亥
畐
子丁〻乙
果
甲〻庚〻丁
工
甲乙戊子巳
斗
丙甲乙子
丁月甲乙
甲
辛戊〻丁
辛丁〻巳

木
甲丙月乙庚
再柔
甲甲
安
甲丙巳巫巳
首
甲〻戊〻亥
本丙
甲〻甲子丙
本戊
甲〻戊〻子
艮虫
甲月丁〻子
艮斗
甲丙庚丁庚
系虫
甲月乙巳甲
甲
丙丁巳〻庚

艮
亥戊庚丁
亥丙甲乙
庚亥〻甲
半艮
甲丙丁子巳
安斗艮
巳乙丁亥
安艮
甲〻巳〻子
甲〻巳子〻
正安艮
甲〻乙〻巳
叔艮
甲月〻子巳亥
吉丁
子甲巳乙
乙丙陰乙戊
空
甲丙乙〻亥
甲丙甲巳甲

胎宅
甲月亥戊丙甲
胎本宅
甲〻丙子巳
胎宅虫
戊亥乙甲
胎宅分
甲丙甲子戊
胎宅艮
甲月甲庚戊辛
本艮
甲丙巳戊亥
甲子亥戊 安
本宅艮
甲丙〻巳丁丁
星
甲月甲乙〻
工
庚月丁子

官鬼
巳乙子亥 王
丁子戊〻 丹
丙甲乙亥 干
巳乙子巳 水
甲丁巳丁 火
巳〻甲亥 火
庚巳〻巳 火
乙〻甲〻 火
亥巳乙〻
甲亥子丙
大壯
巳丙〻甲 牛
亥戊丙甲 斗
亥乙戊巳
巳〻甲庚
甲亥子戊

刑
庚〻甲乙
辛亥〻亥
讼
甲〻子戊亥
火
甲〻乙〻丁
石
甲〻丁月丙
庚戊庚乙
丙亥庚巳
戊庚子亥

沿
巳子乙丁
巳戊辛亥
乙丁〻辛
丁〻巳亥
庚丁乙戊
子乙〻丙
子丁甲乙
丙巳月甲
丁〻甲子

今年
甲月丁丁丑丁
今宅
甲丙乙辛巳辛
水
子戊巳丙
子乙亥丙
子丙丁辛
丁亥巳丙
丁丙丁〻
宅
甲丙庚甲巳
甲〻甲〻子
戊
甲〻丁甲〻
庚
乙巳戊庚
戊月丙亥
冲
甲丙亥亥

巽為風
亥妄亥乙
丁戊子乙
丙月甲支
丙〻乙庚
乙丙丁〻
亥乙子〻
亥丁丙亥
丁戊甲戊
甲己丙庚
己乙子丁
丙辛丁庚
甲丁亥己
丙甲庚丁
亥戊月辛
乙戊月庚
乙戊丙〻
乙〻乙庚
庚亥戊丁
亥〻己丁

風雷小畜
甲己丙丁
己子庚丙
亥月乙丁
己乙月乙
丙丁庚丙
甲乙庚子
甲亥戊己
戊月甲丁
甲庚甲丙
乙庚子丙
丙庚子己
丙乙丙〻
丙己丙亥
戊乙〻丙
庚丁庚亥
亥子庚支
乙己乙支
己亥甲庚

風火家人
己丁月亥 春
庚月乙支
戊子月己 吕
甲〻亥庚亥 坎
甲月乙丁亥 火
甲庚亥支
戊丁甲戊
甲亥〻戊 各
甲丙〻甲 未
亥乙庚丙
乙丁戊乙
庚乙己亥

風雷益
中孚
庚亥乙丁
甲丙己乙
乙丁庚支
亥月己亥
乙戊子丁
亥丙乙戊
甲戊丁戊
丙己甲乙
戊甲乙己
戊庚丙亥
乙甲丁丙
甲戊丙辛
丙〻甲〻
丙丁辛丙
戊〻丙丁
戊己亥己
甲〻月亥
己丙丁己

天雷无妄
水
庚甲〻乙
乙戊月丙
庚子甲丙
甲庚子己
庚丙庚丙
庚丙乙戊
亥甲乙戊
亥己亥戊
突
庚〻庚亥
丙子乙支
甲戊丁庚
甲丙戊支
丙戊己甲

火雷噬嗑
亥
己亥甲〻
甲〻乙戊支
戊〻子己
甲丙乙己甲
火
丁己〻己
庚己月戊
甲乙丙己
甲庚亥甲
戊月乙丙
庚丙亥戊
乙丁丙乙
水
亥乙月丙
甲月戊亥
甲己月丁
丙丁己乙甲〻
丙乙子戊

山雷頤
乙
丁子丙子
甲〻丁乙丁
丁庚乙子
亥乙丁甲 木
坎
庚乙丁己
庚子己戊
甲庚乙丙
丙月庚〻
戊甲己子

山風蠱
師
甲月庚丙乙
甲〻亥乙庚
甲丙甲丁乙
甲月庚亥
伏
丁子己丁
戊己〻亥
乙月子〻
丙子月足
己乙庚甲

亥亥亥乙
半
甲丙甲巳丁庚
庚亥二丙庚
工
甲丙巳丁亥
留
子丁巳乙
呆
甲二庚亥丁
工
甲月庚月巳
巳丁丙巳
斗
巳月庚辛
庚戌二支
甲
辛戌丁丙
丁丙辛亥
甲月甲丁巳　生

再木
甲二戌巳丙
安
甲丙辛月巳
存
甲二戌庚亥
老丙
甲二丙月丙
老戌
甲二戌庚辛
艮虫
甲月丁巳子
艮斗
甲丙庚乙庚
系虫
甲月乙辛甲
晉
丙戌月巳

艮
亥戌亥丙
亥丙二亥
庚亥巳甲　未
斗艮
甲丙巳月巳
斗艮
丁亥丁二
丘安艮
甲二乙丁巳
安艮
甲二庚冊月子
奴艮
甲月甲月豆二支
吉丁
子甲子乙
丁
甲二庚乙二
空
甲丙乙丁亥

旺老
甲月亥亥戌甲
旺木老
甲二戌月巳
旺老虫
戌亥巳庚
旺老卯
甲丙二月戌
旺老艮
甲月甲乙亥子
老艮
甲丙乙巳支
木老艮
甲丙二辛丁
甲丙戌月丁

甘思
乙二乙支
戌二子庚　井
亥戌月乙
丁子乙丁
戌乙戌庚
巳二庚乙
戌丙乙子
戌二亥辛
丙丁庚丁
庚戌月巳
巳二庚乙
大壯
巳甲巳甲
亥戌乙戌
戌丙辛丙
戌丙亥戌
甲乙丁巳

刑
庚戌亥巳
戌甲巳庚
訟
甲二辛庚亥
坎
甲二乙丁二
病
甲二丁甲丙
庚乙子亥
刑
戌辛丙丁
乙亥丁庚

姤
庚戌亥巳二
亥丙甲支
亥二亥巳
子丁月辛
亥丁庚甲
亥巳丙巳
亥兮老
丙丁二巳

兮半
甲月丁巳二丁
金老
甲丙丁月辛
甲丙丁甲子
冰
丁丙二丁
亥甲丁亥
老
甲丙庚丙巳
亥月巳戌
亥庚巳二
亥
亥辛丁二
巳乙巳二
乙
甲丙巳庚
丁丙月子
沖
乙丁戌子

離為火

亥支丁巳

子庚月乙 艮
子甲戊乙
子月甲二
乙月庚亥
丁庚二戊
戊亥丙二
亥甲庚丙
丙巳二二
丙巳二亥
戊辛丙巳
甲月二子
子戊丁二
丁庚巳子
甲丁子丁
戊巳庚丁
乙辛月戊 半
乙庚二甲
亥戊月庚

火山旅

亥月丙子
亥月乙戊
乙庚戊庚
亥庚亥丙
戊甲二丁
亥月巳戊
甲乙巳乙
甲乙丙子
亥甲月戊
戊月辛丙
乙月丙亥
戊亥丙支
丙二亥丙
庚亥巳二
亥甲月乙
乙巳戊甲
丁巳二庚
巳甲月丁

火風鼎

中孚

戊月乙子
戊子丁丙
丙辛月丁
戊亥丁支
戊庚子亥
戊亥二庚
庚亥巳庚
亥甲亥子
亥庚二甲
丁亥乙戊

水火未濟

甲丁亥戊
辛戊二甲
亥二辛巳
庚戊辛亥
戊二乙支
甲二亥二亥 造
甲二甲月乙
甲月乙巳亥
丁戊乙亥
戊丁戊巳
巳乙戊亥
甲二丙亥丁
空
庚二亥巳
戊月巳乙
巳甲二丙
丙亥乙甲
戊庚乙亥

山水蒙

水

甲巳丁戊
甲二丁甲亥
亥甲月甲
甲丁子戊
辛戊二甲
甲戊丁巳
戊庚亥乙
戊巳庚丙
甲二丁丙
丙戊巳庚
甲二子庚
甲二丙庚
甲戊巳乙
丙亥子亥
戊乙戊丙
庚丙乙巳
亥辛丙辛
乙甲乙丙

風水渙

丁

甲丁亥丁
甲二丁支
乙子丁戊
甲丙丁月甲
丁火
乙亥乙甲
戊巳巳丁
戊二丙戊
水
戊丙月戊
丙戊乙丁
甲乙丁庚
亥戊子丙
丙二丙二

天水訟

巳

甲月庚戊乙
甲二亥丁庚
甲丁丙亥乙
甲丙丁甲二
火
丁二月空
庚甲乙二
庚辛乙甲
水
戊丙月戊
丁乙二巳
甲丁庚亥
甲丁庚巳
乙庚亥戊
乙子巳戊

天火同人

師

巳丁亥二
乙巳月丙
甲丙二巳乙
辛戊二甲
丙月辛巳
甲二丁乙
伏
乙戊庚丙
丙子戊丁
乙亥子亥
乙巳月乙
甲二甲亥
亥丁戊巳
庚乙月庚
庚二丙巳

亥支丁巳
半
甲丙甲巳丁庚
庚亥巳丙
庚乙月丙
工
子丁子乙
晶
甲丙巳二亥
丞
甲二庚乙丁
心工
甲月庚甲巳
斗
甲子甲子
乙亥辛乙
甲
亥巳戊丙
辛丙亥甲
辛甲丁巳支

再木
甲二戊子丙
妾
甲丙辛甲酉巳
亭
甲二戊亥二
老丙
甲二丙甲丙
老戊
甲二戊子二
艮虫
甲月丁辛二
艮斗
甲丙庚丁庚
系虫
甲月丁月甲
巳艮斗
乙甲亥二
艮斗
甲辛甲辛

艮
亥戊乙丁
亥丙戊丁
庚亥丁甲
半艮
甲戊巳甲巳
斗艮
甲丙巳丙戊
妾艮
甲辛戊丙辛
亞妾艮
甲二乙巳二
双艮
甲月甲戊丙支
亭丁
子丙月乙
甲庚丁乙
出
甲丙乙巳亥
甲丙二月甲

旺老
甲月亥乙甲
旺木老
甲二戊甲巳
旺老虫
戊乙丙二
旺老句
甲丙二甲戊
旺老艮
甲月甲巳丁子
老艮
甲丙巳亥支
木老艮
甲丙戊丙甲丁
丙老丈
甲亥戊丁子
呈
甲月甲巳乙

食鬼
乙二丁亥
巳戊巳甲
甲丙乙甲
甲丁丙亥
丙丁戊丁
丙子戊二
丁丙戊辛大
巳辛丙乙
丙子戊亥
戊丁月戊
甲戊亥辛
丙亥甲乙
丁庚子亥
大壯
甲巳亥二
亥庚戊巳
戊亥乙巳
甲戊巳亥子

刑
乙丁月戊
丙乙丁丙
訟
甲二辛亥二
火
甲二乙巳丁
石
甲二丁丙二
亥乙戊亥
亥乙亥戊
刑
庚丙丁亥
丁巳斗
甲庚丙乙庚

牆
庚亥月戊
亥二乙巳
丁巳月呈
戊亥甲乙
亥丁子丙
辛月巳二
巳丙巳丙

今牢
甲月丁辛丁
今老
甲月巳月丁
甲丙丁戊丙辛
老
甲丙庚戊巳
巳月二丙
水
戊甲二子
丁
巳庚二乙
巳
巳乙丙支
亥二亥甲
巳丁二甲
坤
丁戊丙支

坤爲地

亥子乙支
丁々戊乙
甲月乙月庚
亥丙戊支
乙戊丁戊
甲々月足
亥々戊丙
乙々戊丙
己丙乙庚
戊甲辛亥
乙戊乙丁
丁々月丙
庚辛庚支
庚丁庚支
庚丁子亥
甲丙々戊
甲丙甲々
乙亥月戊
亥丙月庚

地雷復

甲丙乙庚
庚子乙庚
丁月丁己
子庚甲己
丁己庚辛
甲月戊子
甲乙々丁
乙丁戊甲
己庚月庚
丙乙亥丁
戊辛乙支
丙丁乙戊
庚丙庚子
乙亥月戊
乙己丁丙
己戊庚戊

地澤臨

戊丙丁支 亥
亥々甲辛
戊亥庚支 造
丁戊亥乙
子丁戊子 艮
甲々亥乙亥
甲々甲々己
甲月乙子亥
戊己丙亥

地天泰

中孚
己戊丙辛
甲辛亥庚
甲月子亥
甲亥己丁
丁庚丁支
甲乙己亥
丙子庚丙
亥月々乙
甲乙月丙
亥甲月丙
乙丁甲丁
丁戊己丙
空
庚々乙甲
丙々己亥
甲々己丙
丙庚々己
戊己丁戊

雷天大壯

水
甲戊丁乙
亥丙々己
亥丁乙丁
乙々乙々
乙々亥丙
丙亥子乙
庚子丁甲
庚子丁戊
亥乙子己
亥子庚戊
乙甲亥子
乙庚丙々
乙庚亥庚

澤天夬

辛
乙子乙丙
丙辛
亥丁甲々
戊子丙子
甲丙丁丙甲
乙甲戊丙
丙丁々支
火
戊己々己
戊庚己庚
戊丁乙戊
甲戊月乙丁
水
甲己々丁
乙庚月庚
丙己戊乙
甲戊月乙々
丁丙辛戊

水天需

乙支
亥甲丁甲
亥庚己戊
乙子亥甲
甲丙丁戊甲
乙甲丁庚
火
子亥丙己
戊月丁丙
辛亥戊己
己子己々
庚丙丁々
水
亥乙庚甲
戊子丙々

水地比

師
甲月庚々乙
甲々亥乙庚
丙子己子
甲丙甲子乙
甲子亥庚
己丙月亥
伏
亥戊丁甲
丙庚子庚
乙辛丙丁
亥々己丙
丁月丙丁

亥辛乙亥　再未　艮　旺老　食恩　刑　祿　旬老半
半　甲二庚月丙　亥戊丁戊　甲月亥子巳甲　戊巳甲乙　乙二巳亥　亥戊巳亥　甲月乙丙甲丁
甲丙甲辛亥　亥未　亥丙庚丙　旺未老　丁庚丙二　甲乙月丙　亥戊甲亥　金老
甲丙二月庚　甲丙辛丙巳　庚亥巳亥　甲二戊丙乙　甲二子亥　祿　亥庚丁甲　甲丙丁亥辛
庚乙亥亥　壽　半艮　旺老虫　巳戊亥子　甲子乙亥　巳庚月庚　水
庚月丁巳　甲二戊乙亥　甲丙巳丙巳　戊乙庚亥　巳丁戊丙乙　火　丁二丙二　子丁亥丙
上　老丙　斗艮　旺老卯　丙亥戊亥千　甲二乙子丁　丙丁二戊　亥甲巳丁
甲丙乙子亥　甲二戊乙辛　甲丙乙戊庚　甲丙二丙戊　乙二戊丙　祏　丁月丙丁　老
畐　老戊　妄艮　旺老艮　戊二乙二　甲二丁戊丙　庚月庚亥　甲丙庚二巳
子巳月乙　甲二丙二丙　甲二辛亥庚子　甲月甲子丙月子　丁丙亥子　亥巳月丙　子丁亥丙　甲庚二亥
吊　艮虫　正妄艮　老艮　戊巳月丙　戊庚辛庚　戊庚子庚　甲丙月戊
甲二庚丁二　甲月巳月子　甲二乙巳子　甲丙巳乙亥　丁月二乙　刑　巳丙乙亥　乙亥
工　艮斗　双艮　柔老艮　丁甲子丁解　庚丙甲丁　辛老　乙庚戊丙
甲月庚丙巳　甲丙庚巳庚　甲月二亥庚亥　甲丙戊亥二丁　大壯　亥月丁亥　乙庚丁亥
斗　系虫　吉丁　巳戊乙戊半　甲二巳丁甲　沖
戊巳月亥子　甲月丁甲二　子丙甲乙　亥庚亥庚半　甲庚巳乙　乙甲月丙
丁乙子亥亥　空　丁　甲丁月亥　巳二月戊
甲　甲丙乙辛亥　甲二庚巳乙　呈　甲丁二丁
亥甲二丁　非冬　甲月甲子乙
甲乙戊甲　甲丙二甲二　甲戊甲乙

兌為澤
山支甲丙
亥二庚戌
亥月乙庚
甲丙丁巳
戌甲丁庚
乙二山戌
戌月二丁
亥子乙戌
庚戌乙巳
亥月亥支
亥月乙亥
丙辛二子
戌甲巳子
丁戌二戌
庚巳甲丙
甲二庚戌
乙巳丙子
乙丙乙二
乙丙月足

澤水困
巳庚戌丁
子丁亥戌
丁丙月巳
戌二巳丁
亥二戌亥
巳二乙庚
甲辛二支
庚丁亥巳
丙甲丙子
巳二亥庚
巳二庚丙
戌庚二辛
丁辛二亥
甲丁乙戌
丙乙庚丙
戌亥甲庚

澤地萃
屯象
戌巳亥丁
子庚戌子 吳
甲月丁月亥 夕
子亥庚子 半

澤山咸
中孚
乙月乙甲
乙二丁丙
庚月乙二
子丁亥乎
甲丙子亥
亥庚月戌
空
甲巳乙巳
甲巳乙二
乙亥戌支
丙乙戌庚
巳庚二巳
乙亥戌支
戌亥二丙
丙甲月甲

水山蹇
水
乙月山亥
甲丁乙支
甲月巳支

地山謙
甲
甲庚月丙亥
甲庚月巳丙
甲庚甲戌庚
甲庚甲 庚
甲二乙丁亥 屯月
火
水
甲辛庚巳
巳子丁支
庚巳丙子

雷山小過
丙
甲二乙丁支
火
亥甲庚支
乙庚丙支
水
乙庚甲支
乙甲二丙
乙庚二辛

雷澤歸妹
師
甲月庚亥乙
甲二亥子庚
二戌庚
伏
庚亥丁支
亥丙二甲
丙巳亥二

乙亥甲丙
午
甲丙〻甲庚
庚乙月甲
庚巳庚丙
工
甲月庚戊巳
斗
亥丙〻丁
丁亥〻亥 甲
丁巳亥庚 丙
甲
亥丙子乙 甲
丁巳亥丁
衣工
乙巳丁庚

艮
亥戊巳乙
乙甲戊庚
妄艮
甲〻辛孔子
双呂
甲月甲孔亥
丁
甲〻庚〻乙
妄
甲丙辛戊巳
非冬
甲丙〻丙甲
角
甲亥丙乙丙

艮蟲
甲月乙甲辛
艮中斗
甲丙庚辛庚
系蟲
甲月丁丙甲
老丙
甲〻丙戊丙
老戊
甲〻戊丁子
老艮
甲丙巳丁亥
再木
甲〻庚甲丙

服老
甲月乙甲月甲
照朱老
甲〻戊〻巳
訟
甲〻子丁亥
旅
甲〻丁庚甲
刑
乙甲〻巳

良鬼
巳庚〻戊
亥丁巳庚 斗
庚戊〻丁 千
丁戊乙甲
亥庚乙亥
巳丁巳〻
戊丁亥子
亥乙亥亥
巳月〻庚
甲庚丁子
庚亥〻辛 叔
乙亥子戊
大壯
巳辛巳丁
甲戊丁子
戊子甲巳

姤
亥丁月丁
乙〻乙戊
甲丁乙戊
甲老
亥月巳子
乙月乙子
丙老
亥甲戊亥
乙子庚丙

今牢
甲月庚巳亥
今老
甲丙丁孔子
老
甲丙庚亥巳
丙〻月丁
亥月丙庚
甲
乙丁甲亥
巳庚巳戊
巳〻亥甲
甲〻甲子
丙
甲亥乙丁
丁戊庚丙
乙甲月甲
甲丁丙乙
沖
甲丙亥亥

乾為天

乙亥戊庚
甲亥丁戊
甲巳子亥
戊巳〃亥
丙〃丙庚夕
甲月〃巳
戊申子乙
甲亥戊亥
丙辛巳戊
亥月亥〃
亥月丁乙
甲〃亥亥
甲丁巳辛
甲〃戊乙
巳〃亥丁
乙丙亥庚
丙甲〃丙
丙甲巳子
甲〃巳〃

天風姤

戊庚戊乙
庚丙巳甲
庚丁〃乙
亥庚甲庚
亥月乙甲
丙〃丁乙
甲〃乙丁亥
戊庚月亥
乙甲丙子
丙月乙亥
戊巳乙戊
庚月乙亥
庚巳亥丁青
亥巳甲巳
乙丙甲丙
乙巳乙〃
甲月丁甲亥
丙乙子甲

天山遯

甲戊庚丙
戊巳乙戊
戊丁巳乙
乙亥丁亥

天地否

中孚
辛庚〃巳
庚巳亥庚
甲辛甲戊
戊亥〃巳
戊庚乙庚
乙甲丙子
甲月亥庚巳
旨思
甲庚月〃丙冬

風地觀

水
戊乙丙丁
戊乙亥丙
甲戊辛庚
乙庚丁〃
丙亥巳甲
甲亥甲戊
乙月丁甲
災
甲戊甲亥
亥庚戊甲
巳庚巳丙
乙巳甲庚
甲庚甲巳
丙巳庚戊
戊乙丙庚
乙甲乙亥

山地剝

戊
甲丙甲乙亥
甲〃乙〃亥
丁子丙庚
甲丙丁乙甲
丙甲〃丁
火
丁月丁亥
乙庚乙丙
子亥乙巳
水
亥月〃亥
亥丁庚戊
丙戊乙子
庚戊丙亥

火地晉

庚
甲乙子丙
甲〃乙巳亥
亥丁庚丙
甲丙丁〃甲
庚丁月庚
火
庚甲戊
巳亥丁亥
戊丙戊亥
戊子戊丁
水
子戊乙亥
戊〃甲丁
庚丙乙子
巳庚亥巳
巳〃戊〃

火天大有

師
甲月庚乙〃七
丁戊庚丁
丁丙巳乙
甲〃巳〃
甲巳子戊
丙甲月足
伏
丁巳亥亥
甲庚丙亥
亥〃亥亥

乙亥戌庚
牛
甲丙〻庚戌庚
工
甲丑庚〻巳
斗
乙巳子戌
乙戌甲亥
甲
亥戌乙戌
亥庚丑乙
亥乙巳子
牛
庚巳〻戌
占
巳乙子丙

艮虫
甲丑巳丙子
艮斗
甲丙亥丑庚
系虫
甲丑戌丁甲
艮
乙戌丙戌
妄艮
甲〻子己巳辛
丁
甲〻亥丑乙
老艮
甲丙巳〻亥

妄木
甲丙子庚巳
老丙
甲〻丙庚丙
老戌
甲〻戌巳子
再木
甲〻庚丙〻

昭老
甲丑乙戌丙甲
昭老木
甲〻戌庚巳
刑
甲亥甲乙
丙甲丙亥
庶
巳亥丙甲
甲〻丁亥丙
访
甲〻子巳亥

良思
巳庚乙丁
亥丙戌子
庚戌亥戌
巳戌巳〻 角
丙戌丙庚
庚巳丁巳
丁〻戌〻
亥丁巳亥 叫
丁丙甲戌
丁丑庚丁
丁戌子亥
戌甲巳丁
大壯
戌甲丁巳
角
甲庚丑丙

始
亥丑子丁
乙丙亥庚
乙庚丁亥
亥丁甲亥
甲〻巳〻
巳庚戌〻

今老
甲丙丁巳子
甲丙丁辛〻
老
甲丙庚乙巳
丁丙庚〻
甲丑庚子
戌
乙子巳乙
亥丙丑戌
乙甲子甲
亥丙甲子
庚
乙子亥乙
乙丙亥乙
乙甲丁亥

坎為水
乙支壬乙
戊己戊亥
亥戊子庚
庚亥二庚
亥丁月戊
甲庚乙支
庚亥戊亥
亥月亥子
己甲庚丁
丙庚二丙
丙丁子支
戊庚戊亥
乙二丁支
甲庚丁二
甲戊丙二
子月庚己
丁庚丙亥
己二丁庚
甲庚甲庚

水澤節
甲庚己亥
戊丁月庚
亥二丁丙
乙庚甲二
亥乙亥子
戊丁丙丁
甲月丁亥丙
乙丙辛戊
庚亥二丁
丁戊子己
子亥己支

水雷屯
中孚
丁戊亥丁
戊乙己甲
己戊二甲
己二子戊
甲戊己亥
亥甲戊亥
甲月戊二
丙月己支

水火既濟
水
子丁丙丁
己庚丁乙
丁戊亥丁
戊乙己甲
己戊二甲
己二子戊
甲戊己亥
亥乙月甲

澤火革
癸
丁庚戊庚
丙甲二甲
丙庚乙庚
丙丁丙庚
己乙二子
甲丁甲庚
戊乙子亥
丁甲庚戊

雷火豐
亥
甲子甲支
甲二甲二甲
丁戊丙子
甲丙丁己甲
己子月丁
火
庚丙亥乙
戊庚甲庚
乙二己支
水
戊庚戊己
戊子庚二
丙己子二
子庚己二
子庚己支

地火明夷
乙
甲丁甲子
甲二甲戊支
丁庚丁甲
甲丙丁子甲
火
庚丙亥乙
戊庚甲庚
子亥乙丁
庚亥丙己
甲子戊丁
乙水
庚二亥
子月庚甲

地水師
師
甲月庚丁乙
亥乙己庚
亥丁戊亥
亥丁乙戊
亥丁子支
丁子丁二
伏
丁子丁二

乙亥亥乙
半
甲丙二乙亥庚
工
甲月庚亥巳
斗
乙月庚乙
乙子亥巳
甲
亥丁巳乙庚
甲乙亥乙
半
庚丁丙二
酉
庚子丙戌

艮
乙戌二丙
乙甲辛庚
老艮
甲丙巳子亥
丁
甲二亥甲乙
妄示
甲丙辛亥巳
老丙
甲二亥丙亥
老戌
甲二戌子戌

艮虫
甲月巳戌子
艮斗
甲丙亥甲庚
系虫
甲月丁庚甲

旺老
甲月庚甲亥
甲月亥甲乙
旺木老
甲二戌亥巳
訟
甲二辛二亥
派
甲二辛乙丙

長思
巳亥戌亥 亥
丁丙月丁 千
庚戌子戌 千
丁庚巳丁 火
戌二丙亥 火
戌巳子亥 法
甲庚丁亥 井
巳月丙戌 沿
甲庚月甲亥 角
大壯
甲亥戌丁
甲庚丁亥

貽
丙庚二丙
丁戌乙丙
亥子甲二
子丁甲二

令老
甲丙巳月甲辛
老
甲丙庚丁巳
甲二子亥
丁乙丙庚
亥
乙甲庚戌
庚丙二亥
乙丙巳丙
丁丙甲亥
乙
丁巳乙二
乙戌亥亩
乙戌二庚
冲
丁丙亥丁

艮爲山
乙亥丁巳
甲乙月巳
戊庚月庚
甲々丁庚丁
亥月々巳
巳戊丁甲
庚戊丁巳
庚子甲子
戊庚戊庚
甲亥乙子
甲巳乙丁
庚亥庚巳
戊月々甲
戊々戊巳
戊兆々乙
×巳庚亥丙
甲月亥巳丁
亥丙亥々
甲丙甲庚

山火賁
乙丙亥乙
戊乙子甲
乙庚々亥
丁戊丙甲
巳甲亥庚吉
戊亥乙戊
甲月子巳丁

山天大畜
中孚
庚乙戊々
亥々子亥
巳丁甲亥
丙々巳乙
丙庚子乙
戊庚巳乙
戊巳戊庚
庚戊乙亥

山澤損
水
庚戊亥甲
甲月亥々
甲庚子乙
戊々亥丙

火澤睽
災
子甲月子
巳月丁子
甲戊々乙
戊々戊甲
丙乙亥亥
乙々戊々

天澤履
丁
甲亥々亥
甲々甲亥亥
乙巳庚亥
甲丙巳月甲
火
庚甲月丙
戊辛亥々
水
甲亥丙亥
丙子丁巳
戊亥子甲
戊丁甲子
丙亥丁巳

風澤中孚
巳
甲々庚戊亥
甲々甲丁亥
乙子甲戊
甲丙乙甲々
火
子甲月子
甲庚月甲亥
水
亥戊子亥
乙巳乙戊
亥庚亥子
甲亥甲亥
甲戊乙戊

風山漸
師
甲月庚巳乙
甲亥乙子
甲乙子甲
甲丁々戊
伏
甲庚々子
亥月々巳

乙亥丁巳
升
甲丙巳庚
工
甲月庚乙巳
斗
亥子丙巳
甲
甲丙戊丙
升
丁丙庚子
下亥乙庚
星
甲乙亥乙

艮
乙戊庚戊
乙甲乙庚
屯艮
甲丙子月足
丁
甲二亥丙乙
妄木
甲二丙乙丙
屯戊
甲二庚月子

艮虫
甲月巳庚子
艮斗
甲丙亥丙庚
系咒
甲月丁亥甲
如甲旬
亥二丁甲

欣木屯
甲戊乙巳

良思
巳亥庚巳
丁丙二甲
甲亥子庚
丁乙甲子 退
丁月乙丁
亥丙丁支
丙子亥巳 退
乙辛丁亥
亥戊二丙
甲庚月庚甲 角
大壯
乙亥子乙

姤
子丁丙甲
子丁甲子
水
子戊子甲
令巳屯
乙甲戊子
乙亥丙庚

令屯
甲丙巳丙戊子
屯
亥巳庚二
甲丙庚巳二
丁乙丁戊
丁
丁丙子丙
丁巳二丁
庚丙庚二
庚甲巳庚
巳庚子庚
甲二月辛
巳
巳庚甲庚
丙亥戊二
甲二亥丙巳
坤
甲戊二亥

震為雷

乙子丁亥
乙丙巳丁
庚月丙亥
庚亥二亥
乙戊亥庚
乙庚乙丁
丙戊巳亥
戊月庚子
戊月巳子
戊亥戊子
乙甲巳乙
乙月丁巳
巳亥乙戊
巳庚巳甲 驚
甲二戊巳
亥甲戊二
亥丙戊二
巳丙巳丁
亥乙子戊

雷地豫

甲二子戊
庚月亥乙
巳庚甲亥
甲乙甲二

雷歸妹

中孚

甲丙亥巳 帝
丙巳丙亥 艮
戊丁乙丁 火

雷風恆

水

辛甲二甲
巳子巳子
子甲戊亥
亥月甲乙
巳二月庚
庚巳丙亥
乙子甲乙
甲戊月甲巳
亥子亥戊
巳庚亥乙
庚丁丙申

地風升

災

丁二亥亥
戊巳子巳
丁庚丙戊
巳丁子巳
丙戊月亥

水風井

辛

甲亥子丙戊 日
甲二甲子亥 月
乙二子丁 艮
甲丙乙丙甲 木
火
亥巳乙庚
子乙戊亥
巳丁丙庚
水
丙丁巳庚
丙巳子丙
丙戊二巳

澤風大過

丁亥

甲子戊丙
亥庚子亥
丁亥子亥
甲丙巳戊甲
火
丁庚乙巳
巳子二亥
水
乙庚巳二
亥甲庚戊
丁戊巳戊

澤雷隨

師

甲月庚子巳
乙甲乙庚
乙丙二巳
乙戊月甲

乙子丁亥
半
丁乙月子
甲丙二子庚
甲丙戊月庚
丁乙二甲
工
甲月庚丁巳
斗
乙月下巳
甲

艮
乙戊亥丙
乙甲丁庚
老艮
甲丙辛申亥
丁
甲二亥戊乙
妄示
甲丙子丁巳
老丙
甲二丙丁丙
老戊
甲二庚甲二

艮虫
甲月巳亥子
艮斗
甲丙亥戊庚
系虫
甲月丁乙甲

紫老
甲二戊丁巳
石
甲二丁巳丙

貴男
巳亥二子 亥
丁丙庚巳 升
巳甲丙子 水
丙戊丁亥 火
庚子庚亥 角
巳月庚丁
丙亥丁亥 角
大壯
巳子乙巳

始
子乙子甲
子丁丙子
水
子戊子二
子戊巳亥
泰
乙庚乙子

午老
甲丙巳亥庚子
老
甲丙庚辛巳
甲戊子丙
子
丙亥巳亥
巳庚丙巳
甲二子甲二
戊子亥子
丁亥
甲子乙甲
丙巳甲戊
子乙庚巳
巳二子亥
冲
巳庚戊亥

巽為風
丁亥甲丙
乙丙戊丁
亥庚〻丁
丁亥甲亥
己子己亥
己子戊庚
亥庚子〻
亥丁戊己
戊子甲己
庚〻己丙
戊亥庚己
戊亥丁丙
丁子子甲
丙乙子〻
甲子丁己
丙子己丙
乙丙戊丁
乙亥丙亥

風天小畜
水
亥庚丁己
乙亥〻己
乙亥〻乙
乙〻子丙
乙〻甲庚
乙甲己〻
己丁戊〻
丙子丁子
戊子乙己
亥丁己戊
甲子子己庚
中孚
乙丙乙亥

風火家人
巽
戊丙戊庚
戊丙亥庚
伏
庚子戊丙
戊子乙庚
戊丙子戊
始
乙子庚丁

風雷益
甲
亥己丁己
亥子乙亥丙
亥子丁戊
甲丙乙庚甲
甲火
戊甲丁子
己亥己戊
乙戊丙亥
果
庚乙子丁
戊丙亥庚
甲老
戊丁丙己
甲丙〻丙
丁甲庚子
戊己丁丙
乙己子辛

天雷无妄
丙
亥己丁己
亥己子丙
亥己子庚
甲丙己亥甲
丙火
己庚乙戊
己亥戊丁〻
丙水
己乙丙丁
甲丁戊甲
丙老
戊〻子丙
乙〻丙丁
己乙戊亥
乙己乙己
丁子甲庚
甲〻甲丙庚

火雷噬嗑
艮
丁甲〻庚
丁
甲〻亥庚乙
艮虫
甲子己乙子
艮斗
甲丙亥庚〻
釜虫
甲子丁〻甲
老艮
甲丙子丙亥
工
甲子庚己〻
今老
甲丙己己子
旺老
甲月乙月子

山雷頤
貴思
己亥丁丙 亥
丁戊甲亥 弁
丙庚甲亥 丑
丁子己丁 火

山風蠱
老
甲丙亥子己
乙丙子亥

丁亥戊庚
火 水 戊 庚 艮 貴思 屯
乙丁甲丙 戊二甲巳 亥子甲丙 亥巳亥子 丁甲丙戊．甲亥子子 甲丙亥甲巳
乙子子甲 巳戊子亥 亥子戊巳 亥庚子巳 丁 甲巳子二 丙子甲巳
甲子子乙 甲庚甲丙 亥子丙戊 亥二亥丁 甲二亥二乙 巳子巳庚退 甲丁乙丙
亥子乙亥 巳丁子丁 甲丙巳乙甲 亥庚子丁 艮虫 甲乙庚甲水 沖
庚甲丁亥 災 火 甲丙巳丁甲 甲子巳丁子 丙庚二戊角 甲庚丁戊
庚二庚子 子巳乙巳 乙丙甲亥 火 艮斗 丙二月甲
庚子戊庚 巳子乙戊 戊辛戊巳 戊甲乙戊 甲丙亥二庚 乙子子巳季
戊庚戊乙火艮 甲庚子庚 水 水 系虫 乙甲子巳
庚亥甲亥 戊亥二乙 亥二月戊 戊亥巳戊 甲子丁巳甲
戊亥庚戊 中孚 老 乙亥二支 工
庚丁亥丁 亥丙月亥 丁子庚甲 戊二庚支 甲子庚子巳
庚亥子丁 訟 甲乙戊庚 老 甲子丁巳亥
丙子亥甲 庚二乙戊 丁二甲乙 巳戊二丙 亡老
丙庚巳二 旅 巳丁甲丁 巳乙巳甲 甲丙巳子二巳
戊庚二丙 巳甲子亥 巳庚戊丙 老艮
庚丙戊庚 甲丙子戊支
亥甲庚亥
乙戊甲亥

离為火
丁亥亥乙
甲乙丙亥
丙戊子甲
亥甲二丙
庚戊亥丙
戊甲子延
戊甲庚子
庚亥丙戊
戊子巳丁
丙丁甲丙
丙丁甲子
庚乙二乙
丁戊二亥
甲二丙子
庚子巳庚
庚巳乙巳
亥甲亥二
乙庚巳二
乙巳丁庚

火山旅
水
戊子庚巳
丁子甲亥
乙丙子甲
亥庚丙丁
庚二庚丁
乙丙二亥
中孚
戊庚丁亥
巽
甲庚乙巳
甲戊巳甲
巳巳丁二
戊子庚子
戊子子亥

火風鼎
亥
庚子丁亥
庚子巳丁
庚子二亥
甲丙巳二甲
庚子丁戊木
火
戊子巳亥
水
戊庚丙二
亥丙子甲
巳庚甲丁
老
丁亥庚巳
巳戊子巳
甲二亥二亥
甲二巳戊亥

火水未濟
乙
庚辛月亥
庚巳丁二
庚子子是
甲丙巳子甲
火
亥丙子巳
亥巳子丙
水
甲子戊甲
甲戊巳丙
庚巳子庚
子亥乙子
老
丙戊丁巳
丁乙丙戊
亥丙乙亥

山水蒙
艮
丁甲戊丁
艮虫
甲子巳二子
艮斗
甲丙亥乙庚
蠱
甲子丁子甲
老艮
甲丙子庚亥
工
甲子亥子乙
六老
甲丙子子子
甲丙子甲子

風水渙
艮思
甲乙戊子亥
丙庚丙子巫
丁戊二丙水
丁戊甲巳
亥巳亥二斗

天水訟
老
甲丙亥丙巳

天火同人

丁亥丁巳
火
戊亥甲子
戊巳子戊
乙〃戊丁
乙子〃丁
乙甲庚〃
丙丁子甲
丙乙戊乙
丁子甲庚
戊亥丙寅
戊亥乙丙
亥戊丁庚

水
甲丙月乙
戊乙甲巳
乙戊〃丁
庚戊庚甲
丙日庚子
甲亥巳甲
戊亥戊丁
癸
甲乙丁甲
亥丁亥巳
丙巳戊乙

丁
甲丙辛月甲 艮 水
子丙子巳
火
戊巳戊丁
戊〃子戊
乙庚亥丁
甲〃子丁
水
丙巳乙子
戊甲乙甲
老
丙子丙丁
丙丁戊乙
甲亥庚丙
丙子乙庚

巳
甲丙子甲〃
丁甲庚甲
火
庚戊甲巳
子子子巳
亥丁亥巳
水
甲巳甲巳
老
甲〃乙甲亥
甲〃子丙亥
丁〃子亥

艮宫
甲〃巳子〃
艮斗
甲丙亥丁庚
系出
甲〃巳子甲
老艮
甲丙子亥亥
工
甲〃亥甲巳
乞老
甲丙子戊丙子

老
甲〃亥甲巳
甲丙亥戊巳
冲
乙子〃甲

兌為澤
巳子二亥
亥二亥庚
亥二丁辛
甲庚戊甲
乙庚丁戊
戊子二亥
水
亥二巳庚
子丙二亥
丙丁丙乙
丙子甲庚
戊巳二亥
辛
亥丁甲二
中孚
乙甲巳亥
庚丙甲二

澤水困
艮虫
甲子辛庚子
系虫
甲月巳亥甲
屯
丁巳丁甲
庚亥庚乙
甲丙亥子巳
丁亥甲二
巳乙甲戊

澤地萃
子亥甲丙
子丙戊子
丙戊甲子
甲子乙子
戊庚丙戊
乙亥二乙
乙甲月辛
乙甲庚丙
水
亥丁甲二
乙甲巳亥

澤山咸
艮虫
甲月辛亥子
系虫
甲月巳乙甲
屯
甲丙乙月戊
甲
巳亥乙二
丙
甲二亥巳亥

水山蹇
子亥戊庚
火
丁庚月丙
丁庚戊巳
戊甲庚丁
子丙亥亥
子丙乙亥
丙庚戊子
庚丙巳丙
乙亥甲亥
乙丁甲乙
乙丙二庚
癸
丁庚亥子

地山謙
艮虫
甲月辛乙子
系虫
甲月巳丁甲
屯
甲丙乙甲戊
丁巳乙子
庚
甲二庚甲亥

雷山小過
子亥亥乙
巳戊庚二
丁乙庚甲
庚亥丙二
子丙亥巳
巳月戊巳
中孚
甲子丙乙
水
子丙乙亥

雷澤歸妹
艮虫
甲子子丁子
系虫
甲子巳二甲
屯
丁子乙丙
甲丙乙丙戊
甲二乙子亥

巳支甲丙
火
丙戊甲二
丙丁巳戊
庚丁亥二
丙二子甲
戊丙月芸
戊巳丁支
甲庚乙庚
戊庚亏子
庚丙巳子
庚丁巳甲
甲木老
甲丙辛庚甲
与老
甲丙辛乙子
老
亥乙月亥
丁甲亥戊

中営
亥戊亥乙
空
戊丁子庚
水
庚子戊支
丁亥丁庚
艮出
巳甲月丙艮
甲亏子甲子出
系出
甲月巳丙甲
丙木老
甲丙辛亥甲
与老
甲丙子丁子
老
甲二巳辛甲
甲丙亥二巳双

巳支戊庚
火
巳庚子丙
戊丁乙丙
丙丁亥丁
丙巳甲丁
戊庚丁支
戊子丁子
戊子二丙
戊庚甲庚
戊甲木老
甲丙子乙甲
与老
甲丙子巳子
乇
甲二子巳甲

子甲亥支
水
甲子亥子
庚巳丙丁
艮
巳甲二巳
老
甲丙亥乙巳
甲丙二辛
庚木老
甲丙子丁甲
与老
甲丙子二子
老
乙戊乃丁
水
庚戊亥庚

巳支亥巳
火
庚二丁巳
甲庚丙支
丙庚亥二
丙丁乙甲
丙乙子巳
丙乙巳戊
甲丙庚亥
戊甲亥子
冲
甲丙亥支
亥木老
甲丙子巳子
火
庚巳乙丙
老
甲二子甲支
亥丁巳丙
甲二亥甲支

亥巳乙丙
水
丙乙二亥
甲丙乙巳
艮
巳甲丙戊
老
甲丙亥丁巳
丁亥戊支
庚丁亥庚
乙木老
甲丙辛二子
火
甲戊乙亥
老
甲丙子乃戊

巳支丁巳
火
丁乙庚亥
庚二子巳
庚二亥庚
庚二庚丙
戊丙甲丁
丁巳甲丙
戊巳戊乙
戊亥丁巳
丙乙子巳
丙戊亥子
老
甲丙亥巳二
巳老
亥乙庚巳

丙戊辛二
水
子丙乃芸
甲戊庚乙
空
庚亥庚二
艮
甲巳戊亥
艮出
甲子二戊子
系出
甲子乙庚甲
丁老
子戊巳二
子亥庚支
巳乙庚乙

子亥丁巳
火
庚乙戊庚
子丙子亥
子戊甲亥
乙丁丙二
子甲戊子
子甲乙丁
子甲子巳
丁
子甲巳子
艮虫
甲月辛巳辛辛
系虫
甲月辛月辛甲
屯
甲丙乙戊二
丁巳戊丙
甲二丁丙乙甲巳
戊　庚丙巳

辛二全
火
甲亥戊亥
戊月甲丙
甲亥巳戊
甲乙月足
丁子巳亥
甲丁甲丁
艮虫
甲月子二亥
系虫
甲月子甲二
屯
甲丙乙庚戊
甲二乙亥亥
丁二丁亥子
甲二巳戊丁
全
甲子丙子

甲丙
甲月二甲丙
乙丁丙庚
子丙庚巳
甲巳戊乙
子庚戊亥
甲
甲戊巳戊
甲丙乙亥戊屯
甲戊巳戊甲
丙
甲二月戊甲
丙戊月戊

戊庚
甲月二戊庚
子庚二子
甲巳乙庚
屯
甲丙乙二戊
庚甲戊丁
戊
子庚子亥
甲月巳亥
庚
戊辛二辛

亥乙
甲月二亥乙
甲巳子乙
屯
甲二乙甲亥
甲丙乙丁戊
庚丙庚乙

丁巳
甲月二丁巳
丁子甲子
子亥月亥子
屯
甲子丙甲
戊亥乙子
甲丙乙巳戊

辛癸
甲月二辛癸
丁亥戊庚
屯
甲丙乙子戊

太極圖意

太極者一炁混沌之別名耳此時无所為儀象无所為八卦无所為三十二无所為六十四只這一點靈炁往他為兩為四為八為三十二六十四都已包含在內名之以極不得故曰太極

河圖

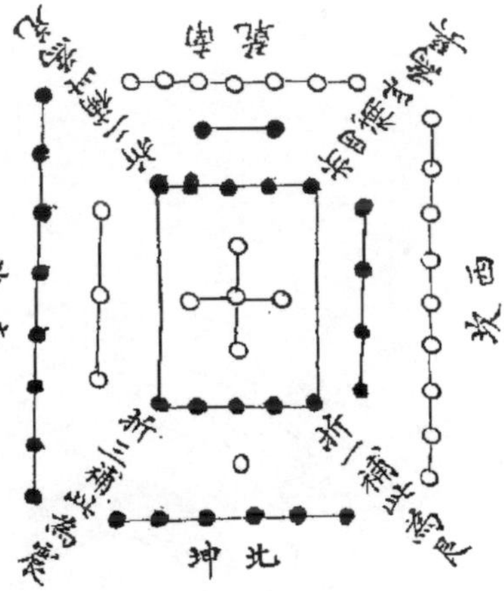

洛書

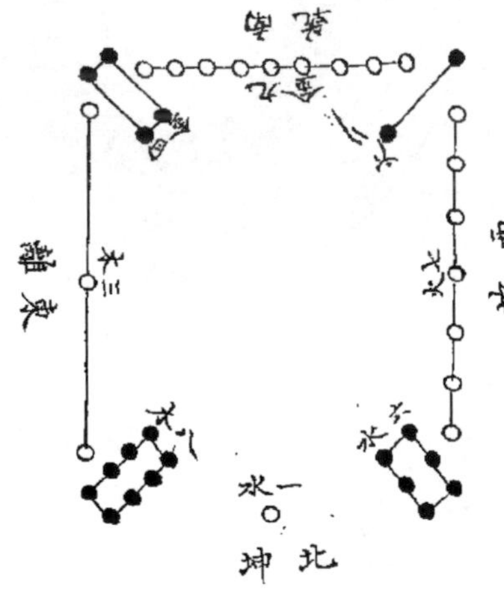

繫辭傳曰河出圖洛出書聖人則之又曰天一地二天三地四天五地六天七地八天九地十天數五五位相得各有合天數二十有五地数三十凡天地之数五十有五此所以成變化而行鬼神也此河圖之數也洛書蓋取龜象故其數戴九履一左

三右七二四為肩六八為足

天一生水六化成之

天三生木八变成之

土居其五十化成之

地二生火七化成之

地四生金九变成之

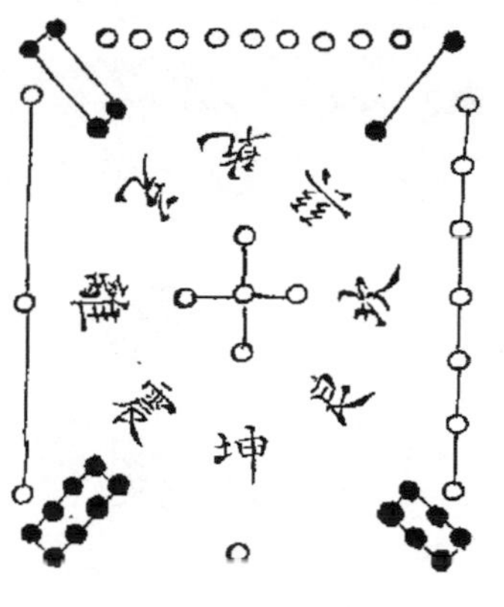

先天正圖式

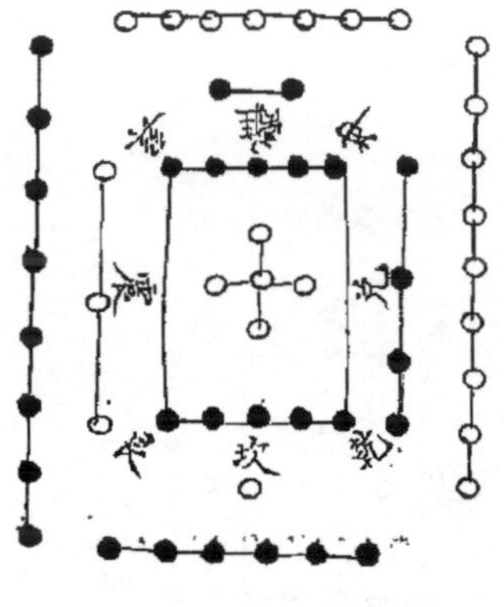

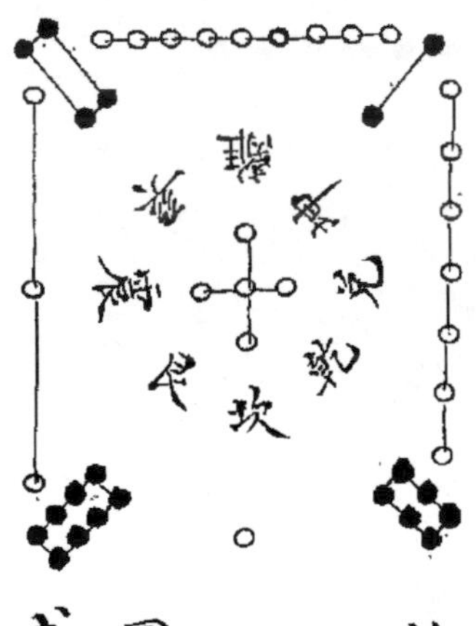

後天正圖式

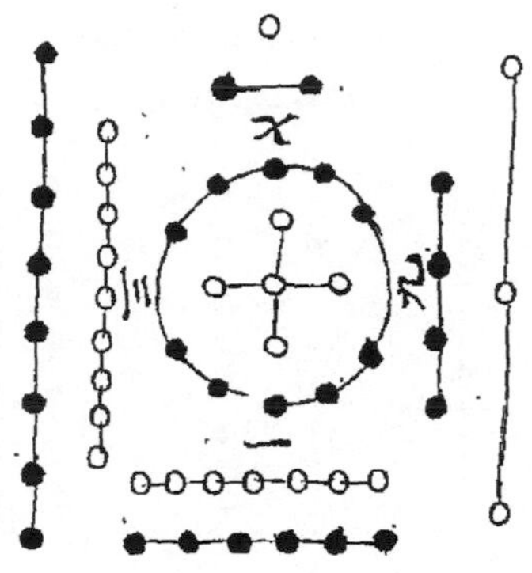

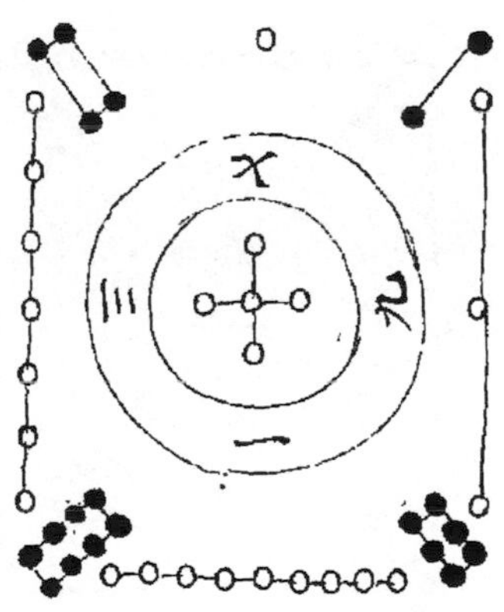

先天變圖式

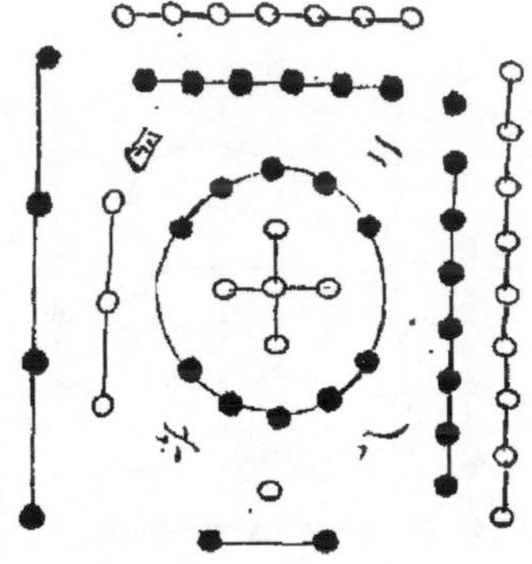

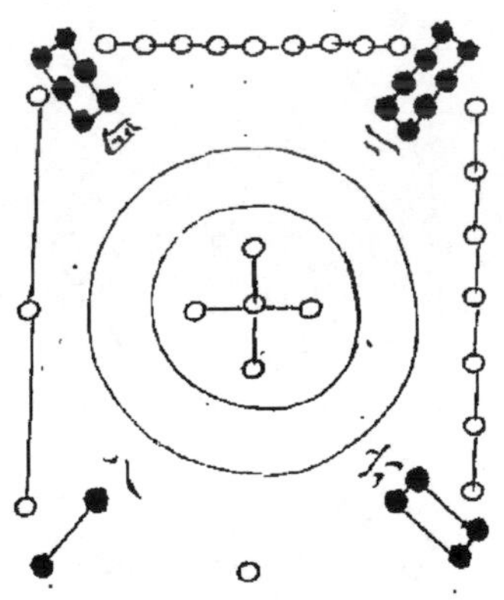

後天變圖式

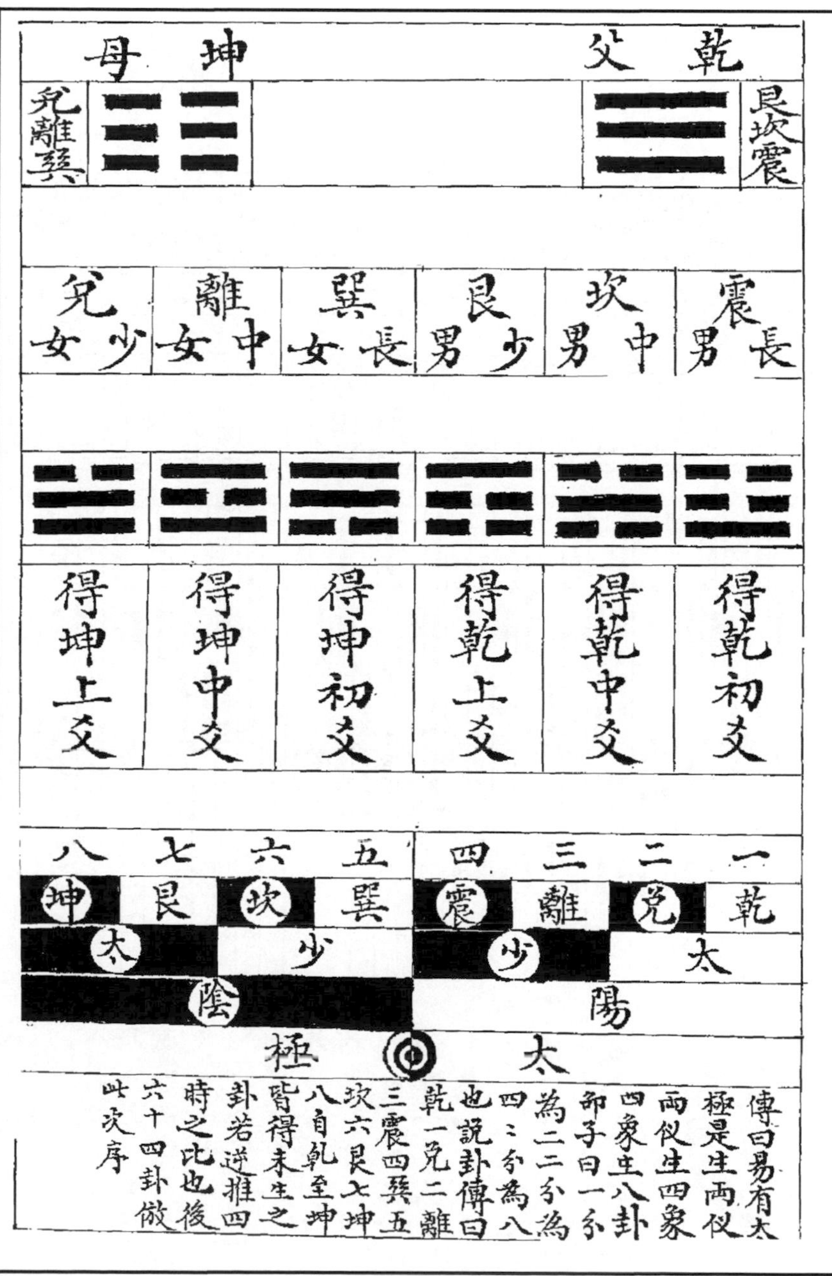

乾　父
坤　母
艮坎震
兌離巽
震　長男
坎　中男
艮　少男
巽　長女
離　中女
兌　少女
得乾初爻
得乾中爻
得乾上爻
得坤初爻
得坤中爻
得坤上爻
一　二　三　四　五　六　七　八
乾　兌　離　震　巽　坎　艮　坤
太　少　少　太
陽　陰
太　極
傳曰易有太極是生兩仪兩仪生四象四象生八卦邵子曰一分為二二分為四ミ分為八也說卦傳曰乾一兌二離三震四巽五坎六艮七坤八自乾至坤皆得未生之卦若逆推四時之比也後六十四卦倣此次序

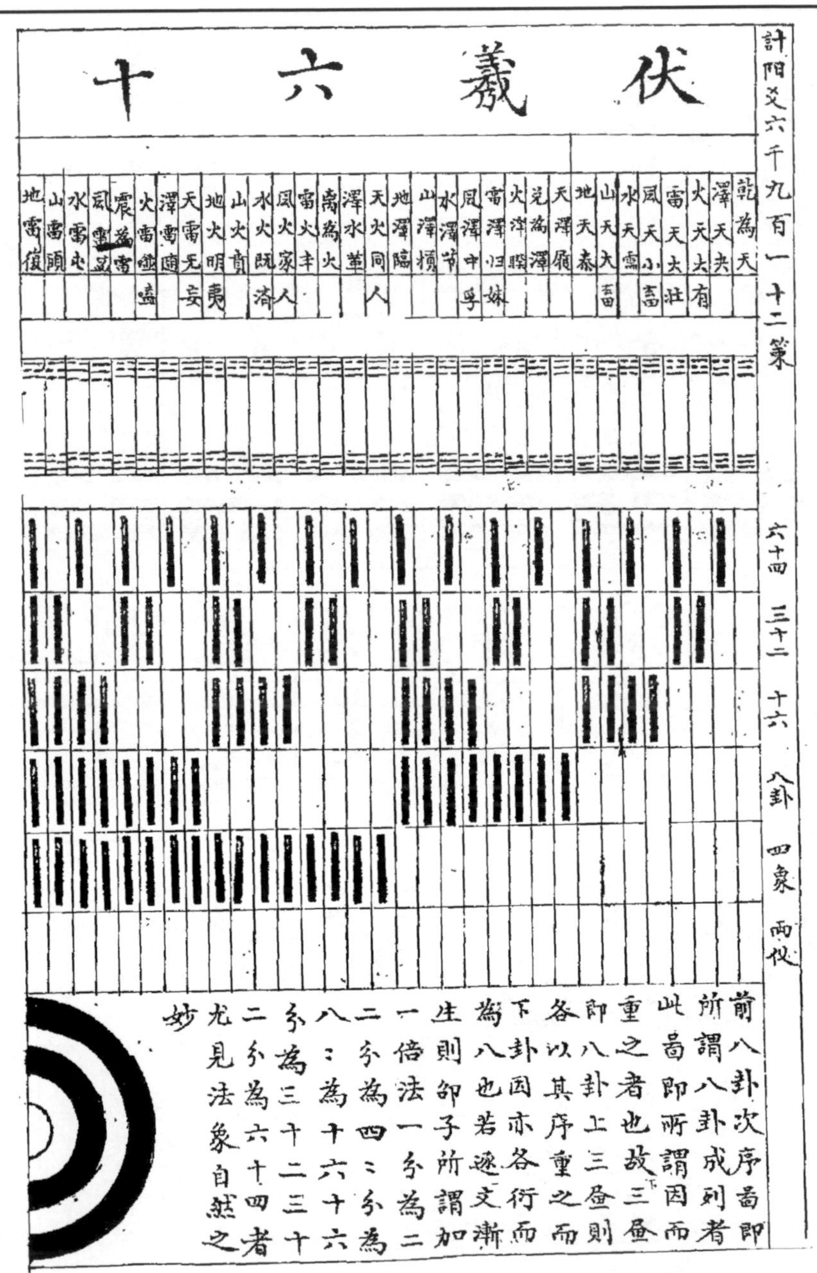

伏羲六十

計陽爻六千九百一十二策

乾為天　澤天夬　火天大有　雷天大壯　風天小畜　水天需　山天大畜　地天泰　天澤履　兌為澤　火澤睽　雷澤归妹　風澤中孚　水澤节　山澤損　地澤臨　天火同人　澤水革　离為火　雷火丰　風火家人　水火既濟　山火賁　地火明夷　天雷无妄　澤雷隨　火雷噬嗑　震為雷　風雷益　水雷屯　山雷頤　地雷復

六十四　三十二　十六　八卦　四象　兩儀

前八卦次序圖即所謂八卦成列者此圖即所謂因而重之者也故三叠即八卦上三叠則各以其序重之而下卦因亦各衍而為八也若逐爻漸生則即邵子所謂加一倍法一分為二二分為四四分為八八分為十六十六分為三十二三十二分為六十四者尤見法象自然之妙

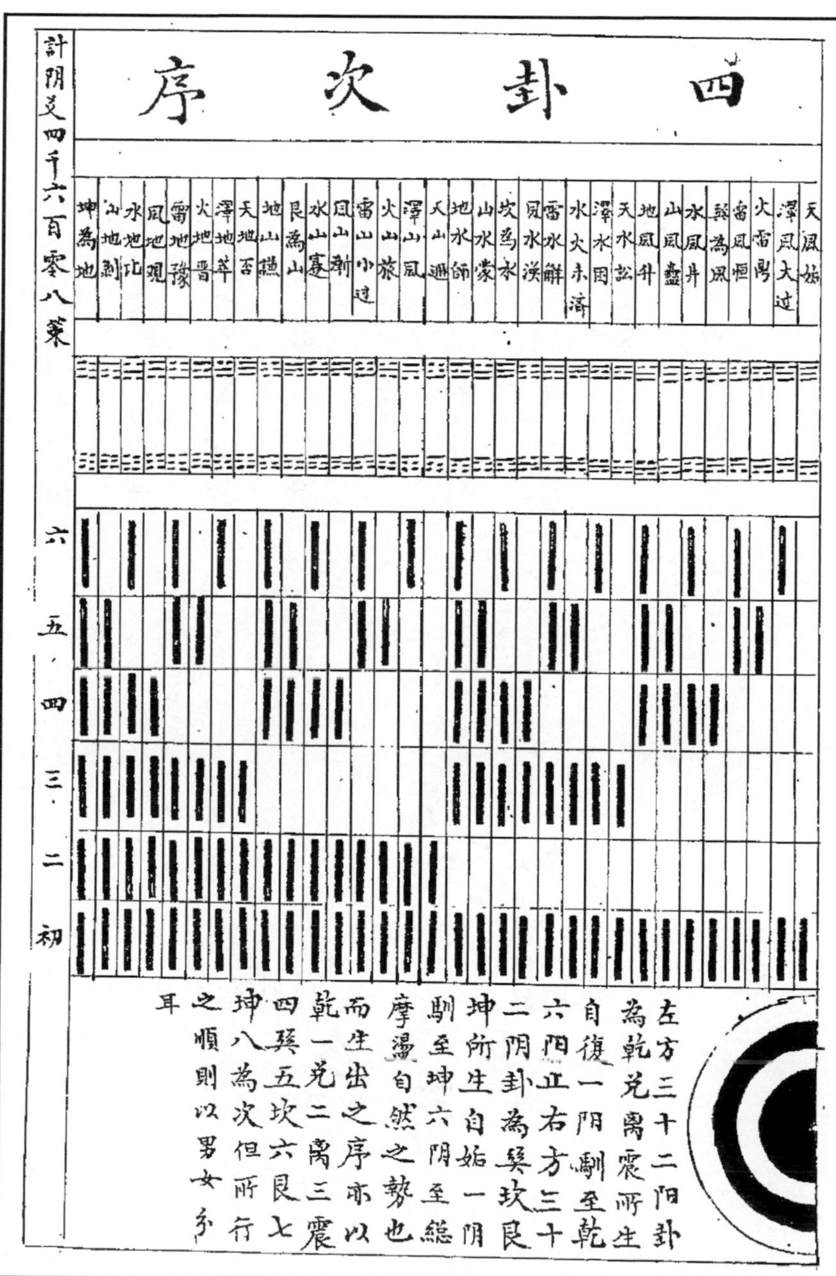

左方三十二阳卦為乾兌離震所生自復一阳剝至乾六阳止右方三十二阴卦為巽坎艮坤所生自姤一阴剝至坤六阴至總摩盪自然之勢也而生出之序亦以乾一兌二離三震四巽五坎六艮七坤八為次但所行之順則以男女分耳

伏羲八卦方位

說卦傳曰天地定位山澤通氣雷風相薄水火不相射八卦相錯數往者順知來者逆邵子曰乾南坤北離東坎西震東北兌東南巽西南艮西北自震至乾為順自巽至坤為逆後六十四卦方位倣此：先天之學也

乾一 兌二 離三 震四 巽五 坎六 艮七 坤八

文王八卦方位

邵子曰文王之作易也其得天地之用乎乾坤交而為泰坎離交而為既濟也乾生于子坤生于午坎終于寅離終于申以應天之時也置乾于西北退坤于西南長子用事而長女代母坎離得位而兑艮為偶以應地之方也王者之法其盡于是矣此後天之學也

離
坤
兑
乾
坎
艮
震
巽

圓圖乾盡午中坤尽子中离尽卯中坎尽酉中阳生于子極于午阴生于午極于子其阳在南其陰在北盖以子卯午酉定天地正位而分阴阳節候也　復至乾凡百一十有二陽凡八十陰姤至坤凡百一十有二陰八十陽

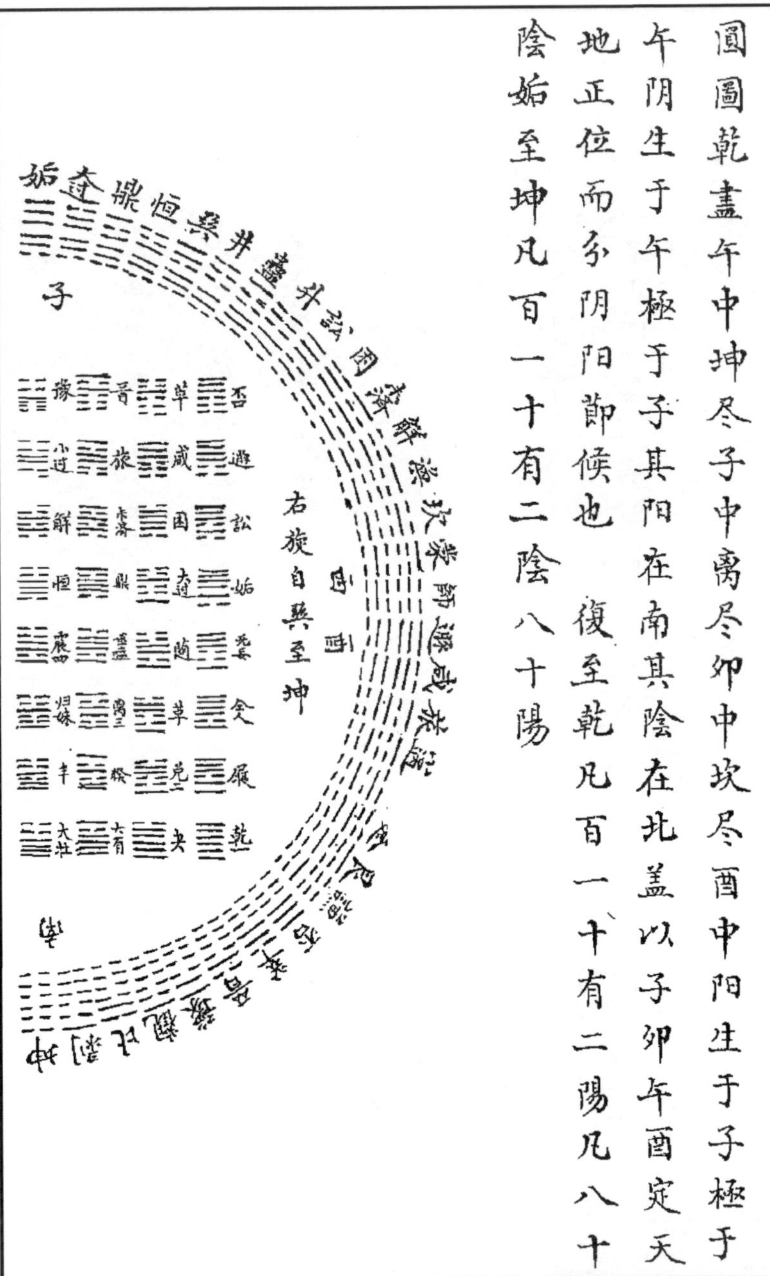

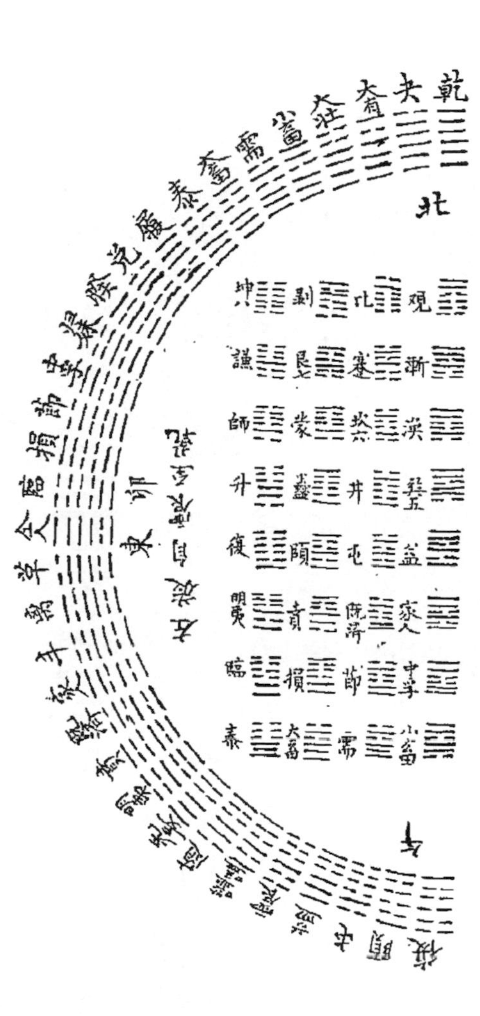

方圓乾始于西北坤尽于東南而兑二离三震四其阳在北艮七坎六巽五其阴在南其二者阴阳對待之数圖于外者為阳方于内者為阴圓者動而為天方者静而為地者也

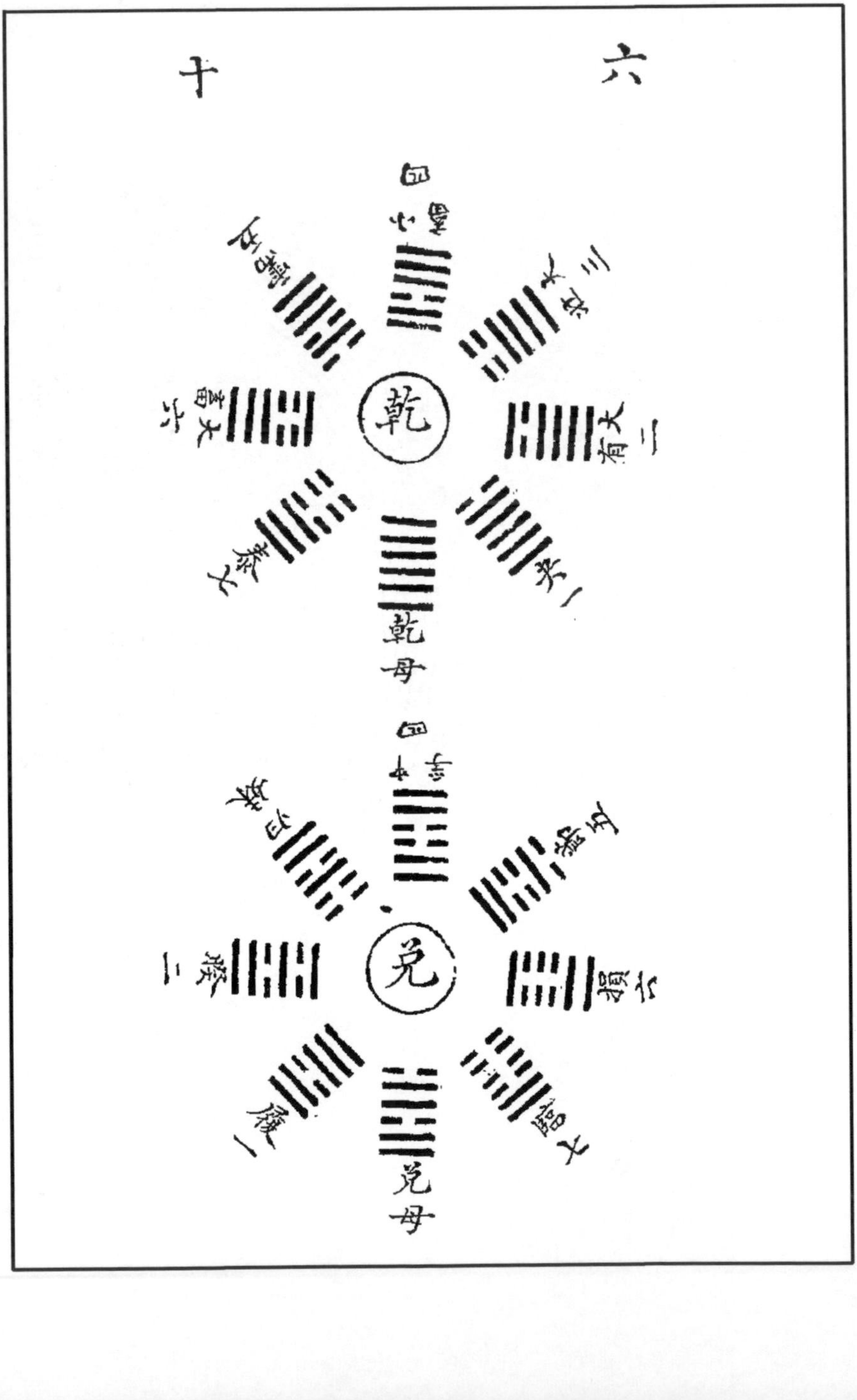

六十

乾

乾母
夬一
大有二
大壯三
小畜四
需五
大畜六
泰七

兌

兌母
履一
睽二
歸妹三
中孚四
節五
損六
臨七

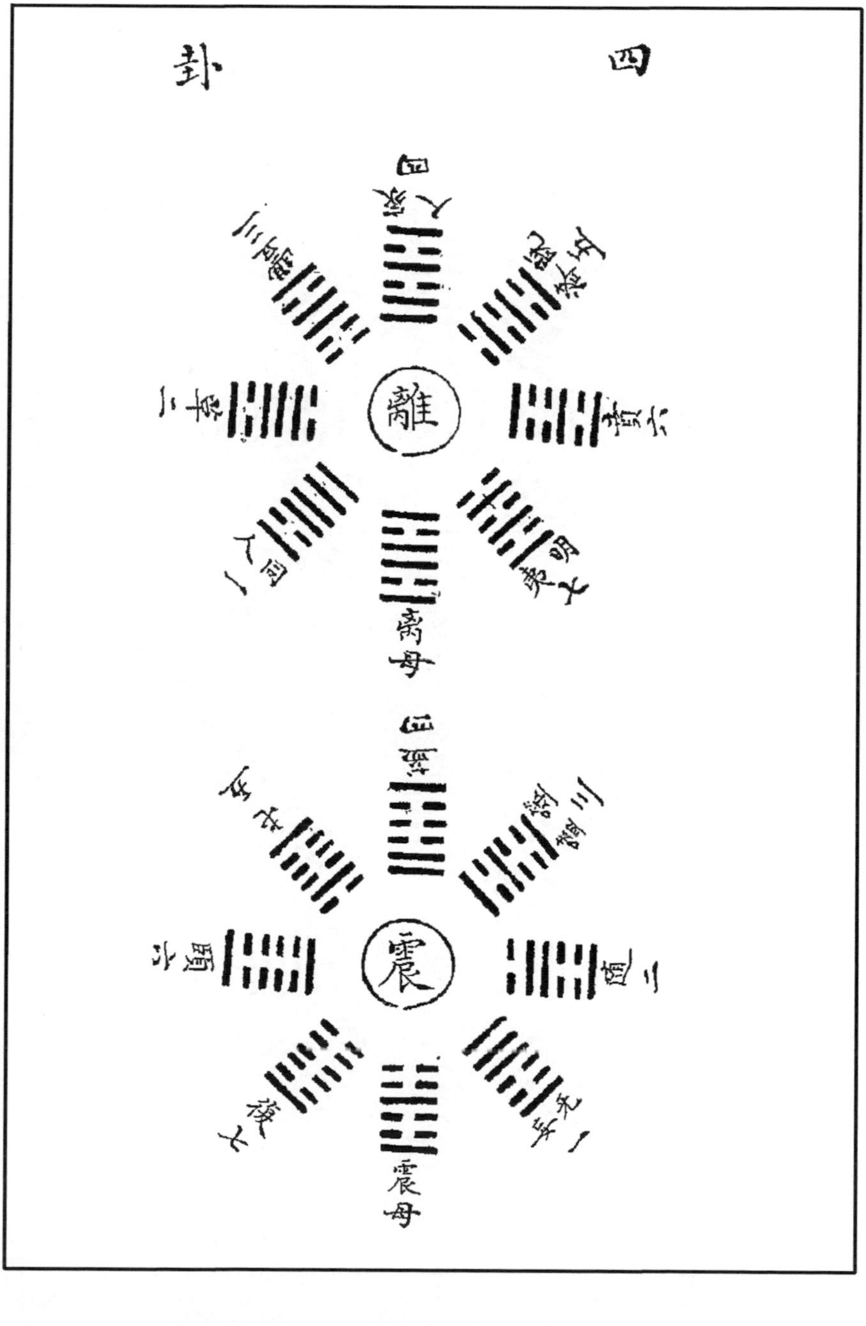

四卦

離

離母　同人一　革二　豐三　家人四　既濟五　賁六　明夷七

震

震母　无妄一　隨二　噬嗑三　益四　屯五　頤六　復七

分宮

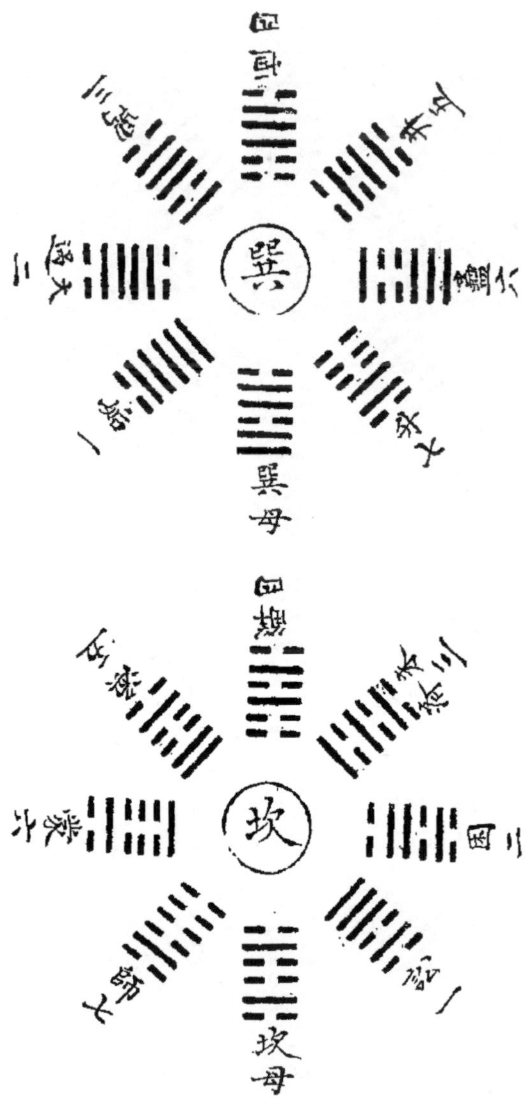

巽
巽母
一姤
二大過
三鼎
四恆
五井
六蠱
七升

坎
坎母
一訟
二困
三未濟
四解
五渙
六蒙
七師

全圖

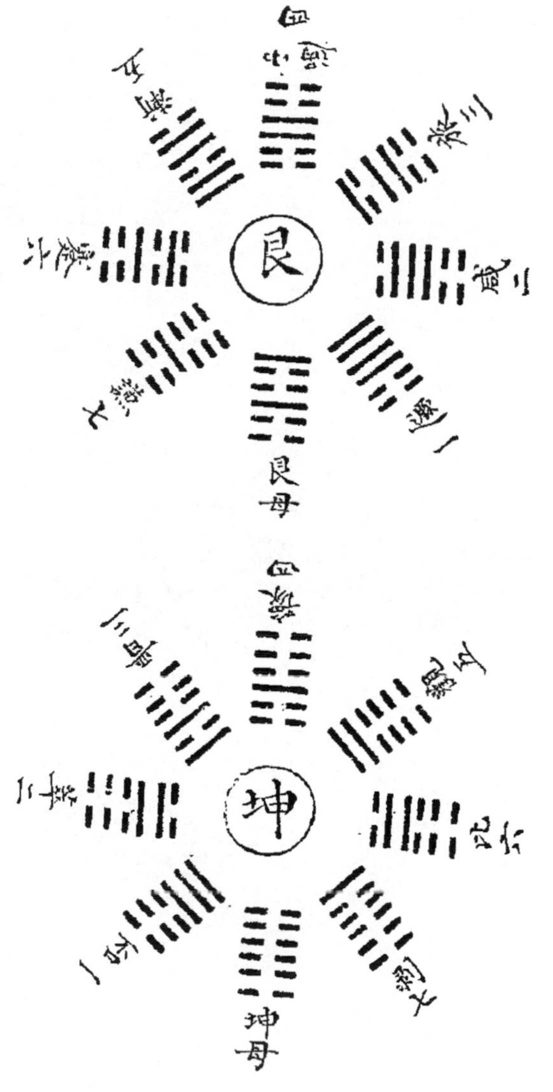

逢某即止之式

帝車星自一至四為斗自五至七為杓

隔八相生式

下生者三分損一三損一為二二因二歸工生者二分益一二益一為四用四三归又下生以五十乘之七五除之工生以百乘之七五除之

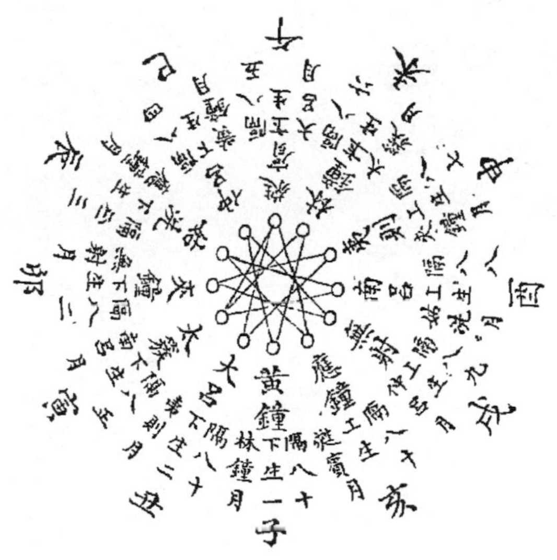

周天三百六十五度四分度之一積一百七十萬二千一百十三里每一度百分四分度之一即二十五分

本朝欽天監遵製量天尺合数理精蘊算法以推先天以准刻分絲毫不差

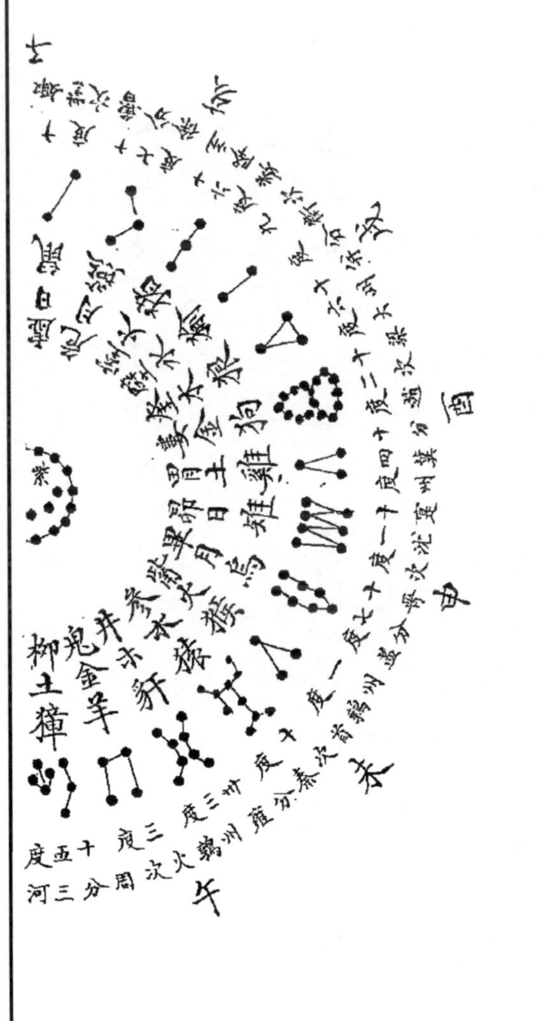

紫微垣内北極當天之中極南為太陽壺北為太陰日月五星
行太陰則光光行太陽則能照故為昏明寒暑之限極

先天

乾元遁卦

先將本命四柱立
合算其人事不真
大衍數法乃施行
陰陽次位三千居

依着先天用数々
時刻錯差陰陽悖
配合本命為卦主
日居生時百順数

数合何宮卦內行
再將時刻細推求
萬象原從太極生
時日皆從子上輪

仍將先天法数夅
刻的時真方得所
一成万象数之祖
十零本位月休觀

陽

各分納音

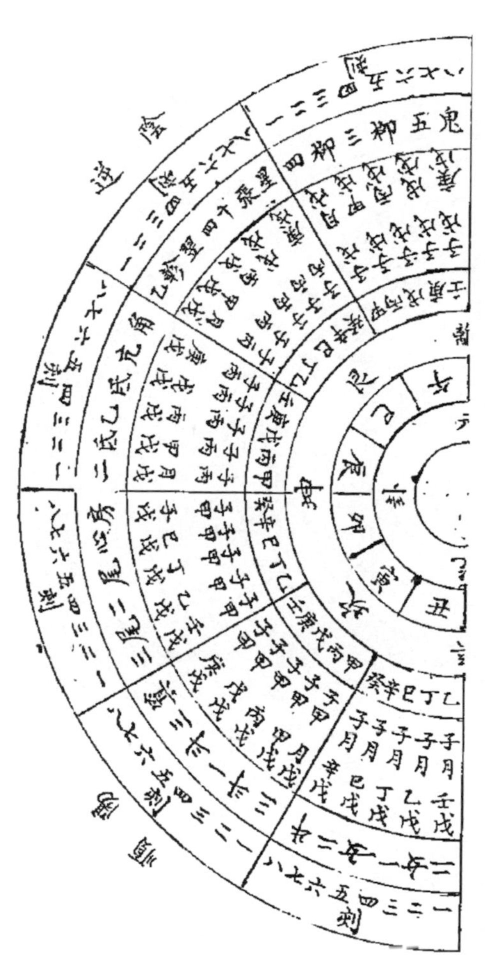

算法

歲君水火廿加七
配後還加數ㄩ千
後于本卦辨陰陽
陽退陰兮逆數行

金木先加五十一
包藏四序為歲主
進退盈虛須減補
法用後天為定主

再將一二三四五
得來當先尋納音
陰退陽兮順數行
逐一依法細推求

配卻金木水火土
日時順逆逐共譜
行宮須向先天柱
壽夭窮通如目覩

坤元遁卦

陰差阳錯筭法

凡阴阳愆伏度数争差時既不真刻由何定八卦既已周復八刻又已排定一無合處此為阴差阳錯难以数計往往有之謝去可也必欲得其真時真刻又必欲須從父母生年支干字象五音六律及宮象及三十六韵扣算自得其真

陰

各屬分刻

五行本義取用

河圖甲巳子午九　乙甲丑未八富首　丙辛寅甲七數真　丁壬卯酉六相親

戊癸辰戌五為次　巳亥原來數当四

合大衍之数五十其用四十有九之法除之如五数是土八金三木弍火一水之類也

乾坤同圖

宮土　商金　角木　徵火　羽水

五音

六律

陽　陰

陽	陰
黃鍾 子	大呂 丑
太簇 寅	夾鍾 卯
姑洗 辰	仲呂 巳
蕤賓 午	林鍾 未
夷則 申	南呂 酉
無射 戌	應鍾 亥

合納分刻

黃鍾八十數是為宮声三分損一以下生徵則去二十七得五十四數

徵三分益一以上生角則加一十八得七十二數

商三分損一以下生羽則去二十四得四十八數

羽三分益一以上生角則加一十六得六十四數

角声之數三分之不足其數不行故声止此

(千)

金宮遁卦

甲壬月巳壬 子 甲壬乙庚丙 卯 甲庚丙戌乙 午 甲庚千乙巳 酉

甲壬戊巳庚 丑 甲壬巳〻乙 辰 甲庚戊乙丁 未 甲寅乙丙辛 戌

甲壬庚巳壬 寅 甲壬辛巳丁 巳 甲庚〻辛亥 申 甲庚丁巳壬 亥

乾屯肖內

(陽)(陰)(主)

各屬分刻

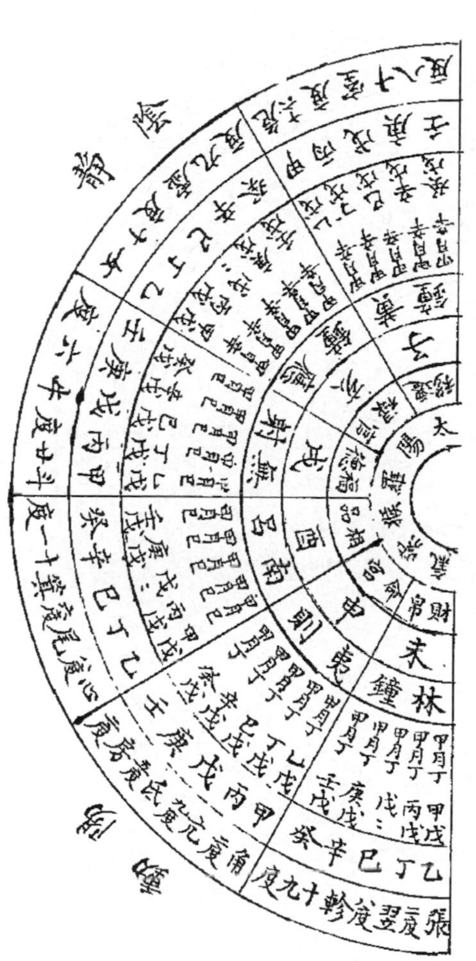

㊉千

坤屯肖內

甲庚辛丁亥　子　甲庚壬戊乙　卯　甲庚月巳丁　午　甲壬乙巳庚　酉

甲庚巳丙壬　丑　甲庚戊壬〻　辰　甲壬乙月壬　未　甲壬〻辛亥　戌

甲庚壬辛乙　寅　甲庚丙丁庚　巳　甲壬〻月辛　申　甲壬巳月壬　亥

(附)(半)

斗宿度

甲壬ミ巳壬 子

甲壬巳庚巳 卯

甲庚丙壬辛 午

甲庚乚戊壬 酉

甲庚ミ巳辛 辰

甲庚丁月辛 戌

甲庚巳甲壬 丑

甲庚辛甲辛 未

甲壬戊乙戊 寅

甲壬ミ乚庚 申

甲壬庚乚ミ 巳

甲壬丁丙乙 亥

半刂 屌内

(陰)(陽)(助)

木宮遁卦

井木犴 鬼金羊

參水猿 觜火猴

畢月烏 昴日雞 胃土雉

婁金狗 奎木狼

壁水貐 室火豬

各納分刻

支干三十六韵

甲 入十 七洽
乙 入四 質
丙 上卅 三便
丁 平八 庚
戊 去七 遇
己 上四 紙
庚 平八 庚
辛 平十 一真
壬 平十 二侵
癸 上四 紙

子 上四 紙
丑 上廿 五有
寅 平十 一真
卯 上十 八巧
辰 平十 一真
巳 上四 紙
午 上七 麌
未 去五 未
申 平十 一真
酉 上廿 五有
戌 入四 質
亥 上十 賄

先天胎元卦位

甲巳重動乙庚交　丙辛丁壬是单爻　戊癸二爻皆是折　胎元息元共六爻

胎元從月上逆數十位　息元從日上順數十位

金木同圖

共納分刻

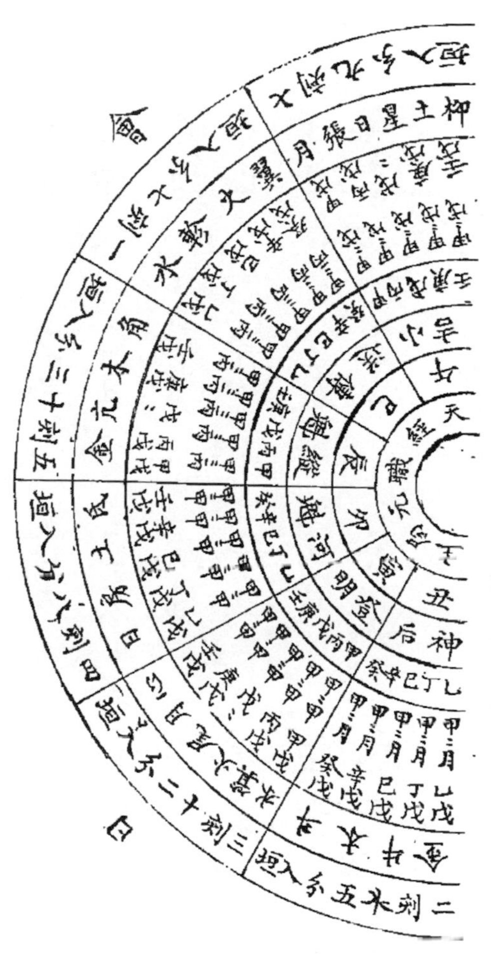

五行納音立局

水一　火二　木三　金四　土五

飛　子丙〻申

宮　子丁壬申

度　子辛乙乙

甲戊壬丙〻

甲戊丁丙甲

甲戊丁庚支

甲戊子巳支

甲庚巳乙壬

甲庚乙戊庚

甲子　乙丑　金
丙寅　丁卯　火
戊辰　己巳　木
庚午　辛未　土
壬申　癸酉　金

甲戌　乙亥　火
丙子　丁丑　水
戊寅　己卯　土
庚辰　辛巳　金
壬午　癸未　木

甲申　乙酉　水
丙戌　丁亥　土
戊子　己丑　火
庚寅　辛卯　木
壬辰　癸巳　水

甲午　乙未　金
丙申　丁酉　火
戊戌　己亥　木
庚子　辛丑　土
壬寅　癸卯　金

甲辰　乙巳　火
丙午　丁未　水
戊申　己酉　土
庚戌　辛亥　金
壬子　癸丑　木

甲寅　乙卯　水
丙辰　丁巳　土
戊午　己未　火
庚申　辛酉　木
壬戌　癸亥　水

王省宮

乾為天
甲甲〻月〻丙
丙甲〻月甲丙
戊甲〻月丙〻子
庚甲〻月戊子
壬甲〻月庚子

天風姤　天山遯
乙甲〻月乙甲
丁甲〻月乙子
已甲〻月丁甲丑
辛甲〻月已甲
癸甲〻甲月足

天地否　風地觀
甲〻甲〻〻支
丙甲〻甲丙支
戊甲〻甲丙丁寅
庚甲〻甲戊庚
壬甲〻甲庚丁

山地剝　火地晉
乙甲〻甲壬庚
丁甲〻甲乙子
已甲〻甲丁〻卯
辛甲〻甲已庚
癸甲〻甲乙丁

火天大有

坎為水
甲甲〻丙月丁
丙甲〻丙〻支
戊甲〻丙戊支辰
庚甲〻丙戊庚
壬甲〻丙庚丁

水澤節　水雷屯
乙甲〻丙乙支
丁甲〻丙乙丁
已甲〻丙已甲巳
辛甲〻丙子支
癸甲〻戊月足

水火既濟　澤火革
甲〻〻戊月庚
丙甲〻戊甲庚
戊甲〻戊〻庚午
庚甲壬月子壬
壬甲〻戊已支

雷火豐　地火明夷
乙甲〻戊子支
丁甲〻戊丁已
已甲〻庚甲巳未
辛甲〻庚丙已
癸甲〻庚〻支

地水師

艮為山
甲甲〻庚壬支
丙甲〻庚壬已
戊甲〻庚乙已申
庚甲〻庚丁已
壬甲〻庚巳已

山火賁　山天大畜
乙甲〻庚已子
丁甲〻庚辛〻
已甲〻壬月子酉
辛甲〻壬甲已
癸甲〻壬丁子

山澤損　火澤睽
甲〻〻壬戊已
丙甲〻壬庚已
戊甲〻壬〻子戌
庚甲〻壬乙子
癸甲〻乙戊乙

天澤履　風澤中孚
乙甲〻壬子支
丁甲〻乙月足
已甲〻乙甲戊亥
辛甲〻乙丙甲

風山漸

震為雷

雷地豫　雷水解

雷風恒　地風升

水風井　澤風大過

澤雷隨

御士宮
巽為風　風天小畜　風火家人　風雷益　天雷无妄　火雷噬嗑　山雷頤　山風蠱
乙庚月戊己　甲庚月〻丙　乙庚甲甲〻　甲庚甲甲〻
丁庚月壬甲　丙庚月〻己　丁庚甲丁己　丙庚甲〻子
己庚月丁戊卯　戊庚月甲戊寅　己庚甲子丙巳　戊庚甲戊庚辰
辛庚月丁己　庚〻月甲子　辛庚丙月〻　庚〻甲壬戊
癸庚甲月〻　壬庚月丙丁　癸庚丙戊甲　壬庚甲乙支
离為火　火山旅　火風鼎　火水未濟　山水蒙　風水渙　天水訟　天火同人
乙庚丁己支　甲庚丁戊己　乙庚乙巳支　甲庚乙壬戊
丁庚巳月月　丙庚丁庚〻　丁庚〻子丁　丙庚乙庚甲
己庚己甲戊丑　戊庚丁壬甲子　己庚丁月丙亥　戊庚乙丑巳戊
辛庚己乙丁　庚〻丁乙支　辛庚丁甲庚　庚〻乙〻甲
癸庚己丁子　壬庚丁〻支　癸庚丁甲子　壬庚乙丁甲
坤為地　地雷復　地澤臨　地天泰　雷天大壯　澤天夬　水天需　水地比
乙庚〻月足　甲庚丙戊子　乙庚壬月足　甲庚庚〻支
丁庚〻月丁　丙庚丙丁戊　丁庚壬戊子　丙庚〻壬支
己庚〻甲支未　戊庚戊戊戊午　己庚壬子巳酉　戊庚〻壬〻申
辛庚〻甲子　庚〻戊〻子　辛庚乙甲支　庚庚〻丁甲
癸庚〻戊丙　壬庚戊庚己　癸庚乙戊支　壬庚〻子丙
兌為澤　澤水困　澤地萃　澤山咸　水山蹇　地山謙　雷山小過　雷澤歸妹

師尹宮
乾金內甲子
甲〻月戊〻
丙甲月甲庚戊
戊甲月甲壬戊子
庚甲月甲乙戊
壬甲月甲乙亥
艮土內丙辰
乙甲月甲子戊
丁甲月丙月戊
己甲月丙丁戊丑
辛甲月丙〻亥
癸甲月丙〻子
癸木內辛卯
甲〻月丙戊壬
丙甲月丙庚壬
戊甲月丙壬戊寅
庚甲月丙壬壬
壬甲月丙乙辛
坤土內辛丑

外甲午
乙甲月丙〻戊
丁甲月丙己亥
己甲月丙己子卯
辛甲月丙子壬
癸甲月戊月戊
外丙戌
甲〻月戊甲亥
丙甲月戊甲子
戊甲月戊丙辛辰
庚甲月戊庚辛
壬甲月戊乙亥
外辛酉
乙甲月戊乙壬
丁甲月戊丁亥
己甲月戊己亥巳
辛甲月戊辛亥
癸甲月戊辛壬
外辛未

坎水內甲寅
甲〻月庚月辛
丙甲月庚甲壬
戊甲月庚丙壬午
庚甲月庚戊壬
壬甲月庚〻壬
震木內壬子
乙甲月庚壬亥
丁甲月庚壬辛
己甲月庚丁亥未
辛甲月庚丁子
癸甲月庚己壬
離火內丁卯
甲〻月庚子亥
丙甲月庚子〻
戊甲月壬月乙申
庚甲月壬甲子
壬甲月壬丙子
兌金內辛巳

外甲申
乙甲月壬戊辛
丁甲月壬庚辛
己甲月壬〻丙酉
辛甲月壬乙巳
癸甲月壬丁丙
外壬午
甲〻月壬丁辛
丙甲月壬巳〻
戊甲月壬子丙戌
庚甲月乙月內
壬甲月乙甲亥
外丁酉
乙甲月乙甲辛
丁甲月乙丙乙
己甲月乙戊子亥
辛甲月乙庚巳
癸甲月乙壬乙
外辛亥

玉漏宮　角木蛟　亢金龍　氐土貉　房日兎　心月狐　尾火虎　箕水豹

考定十二宮分常氣晨昏

正立春日四夜五十三五十七刻
月雨水日四夜五十五刻
寅日月會于娵訾
二驚蟄日四夜五十七三刻
月春分日夜五十刻
卯日月会于降婁
三清明日夜五十三四十七刻
月谷雨日五夜四十五刻
辰日月会于大梁
四立夏日五夜四十七三刻
月小滿日五夜四十八二刻
巳日月会于寔沈
五芒種日六夜四十刻
月夏至日六夜三十一九刻
午日月会于鶉首
六小暑日五夜四十九一刻
月大暑日五夜四十六四刻
未日月会于鶉火

諸歷黃道分野宿度

齊女二度
甲〻月乙巳
甲〻月甲巳
甲甲〻丙甲元
甲〻甲戊乙入枵
甲〻甲庚乙子之
甲〻甲壬甲次
甲〻甲乙丁
甲〻甲乙甲
吳斗四度
甲〻甲子乙
甲〻丙月庚
甲〻丙甲〻星
甲〻丙戊甲入紀
甲〻丙庚甲丑之
甲〻丙壬庚次
甲〻丙丁庚
甲〻丙〻甲庚

鄭軫十度
甲〻壬〻甲
甲〻壬乙甲
甲〻壬丁壬寿
甲〻壬子壬入星
甲〻壬辛甲辰之
甲〻乙月甲次
甲〻乙甲庚
甲〻乙丙戊
楚張十五度
甲〻乙戊甲
甲〻乙庚甲
甲〻乙壬戊鶉
甲〻乙〻戊入尾
甲〻乙丁戊巳之
甲〻乙巳戊次
甲〻乙子戊
甲〻丁月甲

晉畢七度
甲〻巳〻甲
甲〻己子丙
甲〻子月丙寔
甲〻子甲丙入沈
甲〻子丙甲申之
甲〻子戊丙次
甲〻子壬丙
甲〻子乙丙
趙胃四度
甲〻子丁甲
甲〻子己丙
甲〻子〻甲大
甲〻子〻乙入梁
甲〻子丁乙酉之
甲〻子〻支次
甲〻子乙巳
甲　子壬巳

斗木獬　牛金牛　女土蝠　虛日鼠　危月燕　室火豬　壁水㺄

晝夜刻数日月相會全圖

奎木狼　婁金狗

七立秋（日五 夜四）十（六 四）刻
月處暑（日五 夜四）十五刻
申日月会于鶉尾
八秋分（日五 夜四）十（四 六）刻
月白露日夜五十刻
酉日月会于壽星
九寒露（日四 夜五）十（九 一）刻
月霜降（日四 夜五）十（七 三）刻
戌日月会于大火
十立冬（日四 夜五）十六刻
月小雪（日四 夜五）十（三 七）刻
亥日月会于析木
十一大雪（日四 夜五）十（九 一）刻
月冬至日四（夜五）十刻
子日月会于星紀
十二小寒（日四 夜五）十（一 九）刻
月大寒（日四 夜五）十（二 八）刻
丑日月会于玄枵

井木犴　鬼金羊

諸歷黃道宮分次舍

胃土雉　昴日雞

燕尾三度
甲々丙子庚
甲々戊月甲
甲々戊甲々　析
甲々戊子甲入木
甲々庚甲々寅之
甲々庚丙甲　次
甲々庚戊甲
甲々庚々甲
宋氐十一度
甲々庚壬甲
甲々庚乙甲
甲々庚丁甲
甲々庚己甲丁
甲々庚子甲丁
甲々壬甲辛
甲々壬戊甲
甲々戊子戊

柳土獐　星日馬

畢月烏　觜火猴

周柳四度
甲々丁甲戊
甲々丁丙戊
甲々丁戊甲　鶉
甲々丁庚丙入火
甲々丁壬丁午之
甲々丁乙壬　次
甲々丁々戊
甲々丁己甲
秦井九度
甲々己月丙
甲々己甲丙
甲々己丙乙　鶉
甲々己戊甲入首
甲々己庚甲未之
甲々己壬丙　次
甲々己乙甲
甲々己丁丙

張月鹿　翼火蛇

參水猿

魯奎二度
甲々丙甲庚
甲々丙々丁
甲々丙庚々　降
甲々丙丁支入婁
甲々庚丁支戌之
甲々壬月己　次
甲々壬戊支
甲々壬戊辛
衛危十三度
甲々壬辛乙
甲々乙月乙
甲々乙丙支　娵
甲々乙庚支入訾
甲々乙庚乙亥之
甲々乙々支　次
甲々乙丁乙
甲々丁月丁

軫水蚓

乾坤合納

丙庚己支
丁辛々丙
甲月己庚
丙子己支
甲丙子戊
丙壬丙支
甲々丙丁
甲々甲乙
壬辛己丙
丁々子々
甲丙壬戊
甲々壬戊
甲庚甲壬
壬辛己甲
甲丙丁丙

乾坤双納

甲々丁月庚
甲々丁庚々
甲々乚己々

乾先坤属

金木火土
金土々水
水金水火
木水土火
木火々土
木土水火
水木々火
水火金木
火金々木
水火木土
土火水金
土金水火
土木火金
土水土木
火土金木
金木
木金
水金

坤先乾属

丁丁巳子　子
月丁戊辛　丑
丁丙乚壬　寅
壬戊辛巳　卯
壬乙月戊　辰
壬辛　巳
壬丁甲支　午
壬々丁支　未
壬乚壬支　申
戊月壬戊　酉
戊丙月子　戌
戊己壬甲　亥

明屯日先

戊丙丁壬
己甲壬丙

明屯月先

戊丙巳壬
己月乚壬

明永日先

乾屯交

子甲己々
子戊庚子
子戊壬甲
子戊乚甲
子戊丁子
乙々壬丁
戊月戊々
戊丙子支
戊々戊々
庚月庚丁
甲辛庚
乙々甲子
己丙辛丁
丁月丙戊
丁甲丙甲
丁月戊々

坤屯交

子丁乚丁　辛己々丁
子丁々丁　辛々己丙戊
子丁己丁　辛々月丁子
子丁子丁　辛々甲丁丑
子己月丁　辛々丙丁寅
子己甲丁　辛々戊丁卯
子己丙丁　辛々庚丁辰
子己戊丁　辛々丁々未
子己庚丁申　辛々己丁申
子己壬丁戌　辛々壬丁巳
子己壬丁　辛々乚丁午
子己丁丁酉　辛々子丁亥
子己々丁亥　辛々子丁酉
丁々戊甲
丁月丙々
己月戊庚

乾納 丁壬己辛 庚〻己戊 己丙甲戊
丁乙辛庚 金水 己月甲己 乚甲子丁
甲丙庚〻戊 火木 明永月先
甲〻己〻己 木水 己甲丙乙 丙己庚〻 己甲乙乙
甲戊壬丁庚 土木 明盛
甲丙〻壬丙 土木 丁乙丁甲 洛 丁〻己〻 楽 甲〻己丙〻
坤納 明永 甲庚甲己丙 甲庚戕〻子 日永
甲〻子月戊 水木 甲丙丁壬 老 甲〻月甲 甲戊乚丙壬 志
丁丁戊丁 火土 录日先屯 甲月丁庚
甲戊壬子甲 木水 己甲丁己 乙丙庚甲 甲月乙庚
甲丙〻丁壬 金火 录月先屯
甲戊丁子〻 土水 丙甲子壬 丙戊子壬 甲月己乙
明屯納 己丙乙巳
甲〻丁丙支 金木 日屯月永 夕日屯 丙庚月足 夕月屯 甲丙戊壬戊 夕吉良
甲〻丁庚壬 木水 丁子甲子 己丁丙丁
甲〻丁乙甲 水火 月屯日永
甲〻丁己乙 火水 甲戊月足 庚乙己乙 甲〻己乙丙
甲庚壬庚戊 火水 明早屯
甲庚戊丙〻 金木 甲戊壬庚 辛戊月己 立
甲庚己庚戊 土木 戊月乚甲 子乙丙甲 比各飛

日屯內
甲々乙己庚　水木
甲丙々甲庚　家金
甲戊月庚乙　水土
甲戊丙々辛　火水
丙丁庚乙　木土
丁子己子　水土
月屯內
甲々月子丁　土木
甲々壬己支　火金
甲戊々庚乙　火水
丙丁丙戊　非
分月卦
甲壬丙庚戊
甲庚丙壬丙
丙月戊甲先后月火金土
甲丙子戊庚先金后火山先
丁子月壬　戊月山度
甲々丙月廷庚月山先
丙子己乙　庚月山度

己先屯
己甲壬支
初屯日
乙丁子支　古
甲壬辛々　日屯外
戊己戊己　未見日
初屯月
壬乙丙壬
辛甲庚辛
明全屯
戊々子甲
戊乚壬辛　全度全屯
分月支　丁壬月足
丙日山先戊月乚丙　丙月
丙月山后庚甲丙甲　戊月
山后乚々月戊　庚月
壬子丁庚壬月
丙子乙々　乚月
戊丙乙丙　非胃
丙々丙丁　非甲山止

庚戊乙乙　庚乚月丙
庚丙丁己
戊々壬戊　戊屯　戊己戊丙　未甲屯
戊丁己己　己外日屯　戊甲々己　日非屯
甲々月々甲　夳　甲々月子甲　遺
戊甲壬丙　胃北
乙々壬甲　戊己壬丙　未見屯
己外月屯　丙己壬甲　山台犅　戊日々戊　月非屯
戊己庚子　戊乙壬子
丙庚子甲
山先　丁壬丙支　山后
丁庚己壬　山先　戊丁月子
甲壬戊壬々　山止有米　戊己戊庚　非度米
甲壬戊丙乙　山止　壬々丙己　非度后
丙々甲乙　先　丁壬丁甲　非田宅
己丙甲己　米山止　甲庚戊辛支　山度
丙戊乚支　山后　甲壬戊々甲　全
己庚丁戊　山后　庚月乙丙　有正山度　丙子乚支　有先月后月非月屯

明双肖

子宮

子月丙庚　子
子月戊庚　丑
子月庚々　寅
子月壬庚　卯
子月乙庚　辰
子月丁庚　巳
子月己庚　午
子月子庚　未
子月甲庚　申
子甲々庚　酉
子甲丙庚　戌
子甲戊庚　亥

辰宮

子壬月庚　辰
子壬甲庚　子
子壬丙庚　寅
子壬戊庚　丑
子壬庚々　卯

丑宮

子甲庚々　丑
子甲壬庚　子
子甲乙庚　寅
子甲丁庚　卯
子甲己庚　辰
子甲子庚　巳
子丙月庚　午
子丙甲庚　未
子丙々庚　申
子丙戊庚　酉
子丙庚々　戌
子丙壬庚　亥

巳宮

子丙乙庚　巳
子乙戊庚　子
子乙壬庚　寅
子乙庚々　丑
辛乙々庚　卯

寅宮

子丙乙庚　寅
子丙巳庚　子
子丙丁庚　丑
子丙子庚　卯
子戊月庚　辰
子戊甲庚　巳
子戊丙庚　午
子戊々庚　未
子戊庚々　申
子戊壬庚　酉
子戊乙庚　戌
子戊丁庚　亥

午宮

子丁庚庚　午
子丁壬庚　子
子丁々庚　寅
子丁乙庚　丑
子丁己庚　卯

卯宮

子戊己庚　卯
子戊子庚　子
子庚月庚　丑
子庚甲庚　寅
子庚丙庚　辰
子庚戊庚　巳
子庚々庚　午
子庚壬庚　未
子庚乙庚　申
子庚丁庚　酉
子庚己庚　戌
子庚子庚　亥

未宮

子己乙庚　未
子己丁庚　子
子己子庚　寅
子己々庚　丑
子々月庚　卯

辰

子壬〻庚　巳
子壬乙庚　午
子壬丁庚　未
子壬己庚　申
子壬辛庚　酉
子乙月庚　戌
子乙甲庚　亥

巳

子乙丁庚　辰
子乙己庚　午
子乙子庚　未
子丁月庚　申
子丁甲庚　酉
子丁丙庚　戌
子丁戊庚　亥

午

子丁辛庚　辰
子己月庚　巳
子己甲庚　未
子己丙庚　申
子己戊庚　酉
子己庚〻　戌
子己壬庚　亥

子〻甲庚　辰
子〻丙庚　巳
子〻戊庚　午
子〻庚〻　申
子〻壬庚　酉
子〻乙庚　戌
子〻丁庚　亥

申宮

子〻己庚　申
子〻子庚　子
甲月〻庚　丑
甲月〻甲庚　寅
甲月〻丙庚　卯
甲月〻戊庚　辰
甲月〻庚〻　巳
甲月〻乙庚　午
甲月〻丁庚　未
甲月〻己庚　酉
甲月〻壬庚　戌

酉宮

甲月甲月庚　酉
甲月甲〻庚　子
甲月甲丙庚　丑
甲月甲戊庚　寅
甲月甲庚〻　卯
甲月甲壬庚　辰
甲月甲乙庚　巳
甲月甲丁庚　午
甲月甲己庚　未
甲月甲子庚　申
甲月丙月庚　戌

戌宮

甲月丙〻庚　戌
甲月丙戊庚　子
甲月丙庚〻　丑
甲月丙壬庚　寅
甲月丙乙庚　卯
甲月丙丁庚　辰
甲月丙己庚　巳
甲月丙子庚　午
甲月戊月庚　未
甲月戊甲庚　申
甲月戊丙庚　酉

亥宮

甲月戊庚〻　亥
甲月戊壬庚　子
甲月戊乙庚　丑
甲月戊丁庚　寅
甲月戊己庚　卯
甲月戊子庚　辰
甲月庚月庚　巳
甲月庚甲庚　午
甲月庚丙庚　未
甲月庚戊庚　申
甲月庚〻庚　酉

甲月ミ辛庚 亥
明雜爻
甲戊月己乙 日疾
甲戊月子庚 月疾
甲壬丁子壬 孝
甲庚丙月丁 日半月乇
甲月戊ミ子 二心比秝
甲丙月子支 日乇
甲丙ミ壬ミ 月乇 水
妥月內
壬乙庚丁
山來卦
丙己甲壬
日乇肖
甲壬月乙壬 子
甲壬戊己庚 丑
甲壬庚己壬 寅
甲壬乙丙庚 卯
甲壬己ミ乙 辰
甲壬辛己丁 巳

甲月丙甲庚 亥
甲丙己丁庚 日乇
甲丙庚己丁 月乇
甲戊乙甲戊 明乇
甲戊甲戊庚 日不明
甲丙戊甲丙 二心比禾
甲丙甲戊子 火
甲丙戊月丙
月名日
甲ミ乚丁壬
日乇月家
庚ミ子支
甲戊庚甲乙 依日下
回宗爻
甲丙子丙 山來回
誥日乇
甲庚甲乙己
誥月乇
甲庚甲乙ミ

甲月戊ミ庚 亥
甲戊乙月足
甲戊月己丙 不坴
甲戊月子丁 日非乇
甲戊甲丙甲 月非乇
甲丙戊壬丙 俱非乇
甲ミ己戊己 月不明
甲ミ子庚支 金日乇
甲ミ子庚戊 木
甲ミ戊乙戊
甲戊甲庚甲 坤离
戊丙己甲 園
庚壬月乙 隨家日月力乇
子庚己支 日到月山回
甲庚甲己戊
甲庚甲丁壬

甲月庚ミ庚 戊
「甲月庚壬庚
甲戊甲戊丙 日岦
甲ミ己戊ミ 月山
甲丙甲子支 俱月
甲丙ミ戊支 俱不明
甲丙庚甲支 金月乇
甲丙庚丙戊
甲戊甲月壬
甲丙甲己壬
丁月庚丁 月家
壬庚丁庚 仝工
甲庚甲子己
甲戊庚己丁 角丁ミ升

甲庚丙戊乙　午
甲庚戊乙丁　未
甲庚〻子支　申
甲庚壬乙己　酉
甲庚乙丙辛　戌
甲丙丁己壬　亥

月屯背

甲庚子丁支　子
甲庚己丙壬　丑
甲庚壬子乙　寅
甲庚壬戊乙　卯
甲庚戊壬〻　辰
甲庚丙丁庚　巳
甲庚月己丁　午
甲壬乙月壬　未
甲壬〻月辛　申
甲壬乙己庚　酉
甲壬〻子支　戌
甲壬己月壬　亥

明補文

戊甲〻己　日非屯
甲丙庚丙〻　月產屯
甲丙戊子戊　日嚴
丙子巳壬　日風屯

比補文

甲庚甲庚支　寵錫
甲壬戊〻丙　茱萸
甲壬乙甲壬　先后屯
甲壬子丙〻　紅蓼
甲壬丙丁〻　比劣屯
甲壬丁戊子　花霜
甲壬〻庚戊　比耗
甲戊〻丁〻　比損邑盜
甲庚丙乙甲

戊月月戊　月非屯
甲戊〻戊庚　且耗日訟
甲壬丙辛丙　日罪屯艮虫

甲戊甲子己　仝分陰陽
甲戊甲己丙　戊仝
甲戊甲戊辛　比仝胞

甲〻乙壬庚　耗
甲庚丙庚乙　比馭災
甲庚戊甲子　二性
甲壬丁戊乙　哼朩比欠禾
甲壬丁戊庚
甲戊甲子丙
甲庚甲月壬
甲丙〻戊乙
庚子庚乙　箕

壬庚丁壬　明非
甲庚丙月丁　日斗月屯
甲庚戊月壬　日斗

甲庚丙丁丙
甲庚丙庚〻
甲庚丙壬丁
甲庚丙乙子
子己月戊　比离
辛戊乙子
子丁月丙
壬〻庚〻　比入空
甲壬甲己丙　外有比

此卦

丙乙巳丁 甲
丙乙子壬 丙
壬子子壬 戊
庚甲ミ足 庚
丁巳月壬 壬
甲月戊丙支 乙
甲ミ丁壬甲 丁
己子壬支 己
甲ミ庚巳支 辛
甲戊甲乙庚 癸
甲丙ミ巳丙 甲
丁子子丁 丙
甲丙甲月丙 丙台

此納

甲壬月ミ庚 金木
甲壬月丙戊 水火
甲壬月甲庚 木水
甲壬月庚子 火土

此虫卦

甲丙ミ丁乙 丙甲
甲丙戊乙丙 戊甲
甲丙戊丁丙 戊丙
甲丙庚ミ壬 庚甲
甲丙壬戊支 庚丙
甲丙庚 庚戊
甲丙巳 此多甲虫
甲丙丁甲乙 丙虫
甲丙丁乙乙 戊
甲丙巳丁ミ 壬
甲丙巳庚ミ 庚
甲丙乙甲壬 乙
甲丙子乙庚 丁
甲丙子戊壬 己
甲戊甲己甲 此大
甲戊庚戊甲
甲戊ミ子

此米卦

甲丙甲壬支 丙甲
甲丙ミ月足 戊甲
甲丙ミ庚支 庚甲
甲丙戊壬丁 壬甲
甲丙戊巳乙 壬丙
甲丙庚甲戊 乙甲
甲丙庚壬ミ 乙丙
甲丙壬月ミ 丁甲
甲丙壬庚戊 丁丙
甲丙壬巳丙 巳甲
甲丙乙丙乙 巳丙
甲丙丁庚ミ 子甲
甲丙丁巳戊 子丙
甲丙巳丙庚 癸有来
甲丙巳丁乙 此多看米

此伏卦

甲戊甲子丙

丁庚壬壬 戊不全
戊乙丙乙 戊甲折
丁庚子丙 庚甲
戊壬庚丁 壬甲
戊子巳子 壬丙
甲ミ子月乙 丁甲此甲丙
甲ミ子戊支 丁丙
甲ミ子庚巳 巳甲
甲ミ子乙丁 巳丙
甲丙月丙巳 子甲
甲丙月庚丙 子丙
甲丙月一支 癸不全
甲丙月丁子 此多非全
甲丙甲丙子
甲丙甲壬ミ

比次交
甲丙子甲戊　甲
甲丙子壬乙　丙
甲丙己〻庚　戊
甲乙甲丙　庚
甲丙丁戊丁　乙〻
甲丙丁甲丁　丁
甲丙乙己乙　己
甲丙乙月丁　辛
甲丙壬乙丁　癸
甲丙壬丙支　皆
丙月乙子
比飛交
丙己丙甲　甲
丙丁乙庚　丙
丙壬庚子　戊
甲交
子己乙戊
子甲乙己　双
子乙丙己　湘

比虫交
子庚戊乙　甲
子庚子乙　丙
子庚壬乙　戊
子庚乙乙　庚
子庚丁乙　壬
子庚己乙　乙
子月〻壬　皆
子庚丙乙　皆
庚己庚支　連光
甲壬戊丙丁　比多丙虫
甲壬戊丙庚支　己丁
比木交
子丙己〻
子丙己子
子戊〻支
戊庚己戊　有天
庚丁月乙
己戊甲庚

己庚壬戊　有飛
壬丙丁丁　甲
壬戊甲戊　丙
壬戊丙丁　戊
壬戊庚己　庚
壬戊乙壬　壬
壬戊庚己　甲杖
甲壬〻子乙　曾折
子月乙壬　丙折
甲壬戊己〻　欠禾
子己月戊
子戊乙子
子丁月丙
甲庚戊子甲　皆
甲庚〻月庚　堪
甲庚〻己丙　手

比异月交　异月
乙壬乙丙　丙月比多
乙庚甲壬　有比异月
丁丙乙丙　丙比异月
丁丙壬支　异月不禾
丁甲己壬　非甲比月
甲〻甲戊乙　比多
甲戊〻庚己　比多同月
甲丙月丙子　同月异日
甲丙月戊子　同日异月
甲丙戊〻乙　有比异明
甲丙戊庚乙　月多己甲比
丁月己甲　异月比多棣
甲〻己〻乙　比有异月
甲庚壬丙子
庚子庚乙辛
甲庚乙丙乙　親
甲庚丙壬庚　星
甲丙乙戊丁　氺

丁甲月庚 南
丁月丙壬 独虫
丙爻
子己丁戊 本
甲己庚丁 禾
丁乙庚子 全虫
戊爻
子己〻戊 星
乙月戊丙 禾
甲庚丁壬 甲虫
己〻月己 丙虫
丁壬己己 戊虫
丁甲丁壬 全虫离
庚爻
子己子戊 星
戊甲子己 星
丁戊丁戊 甲虫
丙〻壬丙 丙虫
丙甲壬丁 戊虫

壬戊月甲 异月
甲丁月己 欠禾
甲壬〻子 欠禾
丙戊庚申 甲虫
子庚子丁 全名
己丙子己 名
甲壬戊甲〻
甲丙戊己戊 居甲
甲丙壬〻丁 丙
甲壬丙子甲 末
甲丙月己辛 全虫
甲丙壬己戊 甲
甲丙乙丙庚 丙
甲丙丁月庚 戊
甲丙丁戊乙 庚

甲丙甲子乙 居甲
甲丙甲丁戊 居丙
甲壬丙子 中斤
乙丙丁丙 异月
乙壬月丁 异日
乙戊丙支 欠禾
己甲乙甲 甲空
甲庚月子 甲米
乙甲戊乙
乙甲戊己 异月
戊〻月庚 各外
戊丙庚戊 欠禾
甲庚〻庚 甲米
己甲丁庚 甲六

己甲戊己 甲空
辛甲丙子 甲斤
戊乙月甲 另
丁戊壬丙 甲屯
甲戊乙月甲 甲斤
己月庚〻 先斤甲
甲丙甲足 丙斤
己月壬甲 中斤
己月己丙 先丙斤
甲子丁戊
丁壬乙壬 甲斤
己庚辛支 丙斤
己甲乙壬 戊斤
戊丙庚乙 中斤
己壬〻甲 丙斤甲空

壬交
辛〻月戊
丁壬子己
丙乙壬丙
乙〻戊己
戊丙庚支
丁丙戊庚

乙交
甲壬丁〻乙
戊丙戊丙
丁子壬〻
甲丙壬〻戊
己甲子庚

丁交
子〻丙戊
戊〻子乙
己丙壬丙
甲丙丁庚
丁子乙己
甲〻子庚甲

帚
甲虫
丙
戊
庚
米全七

帚
异月
甲米
丙米
甲空

帚
异月
甲米
丙米
甲空
比戋

戊庚月丙
甲丙己月戊
甲丙己庚丁
甲丙己乙乙
甲丙丁月乙
甲丙子丙壬

丁〻乙戊
戊月庚乙
丁己壬己
乙壬丙〻
甲壬丁己

甲乙戊〻
甲戊月子
甲壬月丙
己丙乙乙
甲庚戊丙庚
甲丙戊子乙

帚
甲次
丙
戊
庚
壬

甲虫
丙
戊
庚
壬

甲虫
丙虫
戊虫
庚虫
庚虫
壬虫

戊甲壬
甲乙甲子
庚丙〻甲
己甲己壬
甲庚子支
甲丙戊己戊

甲丙壬〻戊
己甲丁甲
己甲己戊
己甲子丙
己丙月丙

甲丙庚子戊
甲丙乙丁丁
甲壬庚甲己
甲壬〻壬丙

欠禾
欠禾
甲点
甲米
甲米

仝虫
甲斤
丙斤
戊斤
庚斤

乙虫
仝虫
另

甲丙月子丙
乙甲子子
己子己甲
己甲月甲
甲壬月乙甲
庚月戊支

甲乙壬支
乙月丁庚
甲壬丁壬丙
甲戊丁乙丙

己丙月壬
己丙甲子
己丙〻戊
己丙戊丙

仝虫
甲斤
丙斤
戊斤
庚斤
中斤

中斤
欠禾
欠禾
米

甲斤
丙斤
戊斤
庚斤
欠禾

己爻

子子戊戊 本
丙子丙壬 甲虫
戊丙甲己 丙虫
甲戊月丁〻 戊虫

辛爻

子〻庚戊 本
甲戊子丙甲 全虫
丙甲子支 甲虫
丙丁甲乙 庚虫

癸爻

子〻壬戊 本
甲子乙支 欠禾
己月戊己 甲虫

甲癸爻

子〻乙戊

丙癸爻

子〻丁戊

甲戊庚乙支 庚虫
甲戊壬〻壬 壬虫
丁丁月戊 甲米
甲丙壬丁乙 丙米
戊庚月丁 壬虫
甲丙丁己甲 乙虫
甲戊己月甲 丁虫
甲壬己子 中有虫
丁庚戊甲
丁庚〻庚 各另
丙戊戊庚 异月

比雜爻

甲庚丙庚〻 煎
子壬戊乙 甲火丙水
子壬甲乙 甲火甲水

己月庚己 甲斤
己月乙丙 丙斤
戊庚丁丁 中斤
己丁月庚 各另
甲丙己戊丁 甲米
甲丙子戊乙 丙米
乙壬庚戊 中斤
乙子丙乙 异月
壬戊丁支 中斤
己庚〻丙 丙火丙水
己壬庚丙 丙甲火
子丙甲己 丙火丙水

甲子庚乙 异月
乙乙月子 欠禾
甲〻己庚戊 比末
甲壬甲己 各另
丙壬乙支 欠禾
乙戊子庚 异月
甲丙乙壬丁 有米
甲丙戊甲支 灵虫
甲壬戊〻丙
乙乙丙己 兄非屯
甲庚壬〻丁 比比

木納
甲戊壬甲乙 金
甲戊乙〻戊 木
甲戊丁月甲 水
甲戊乙丁壬 火
甲戊丁已乙 土
甲戊丁丙 金木
再木納
甲〻壬丙支 木火
甲〻壬丁丁 水土
甲〻壬已甲 金木
木各納 戊戊已戊
甲戊壬丁庚 先水后火
丁已乙已 先水后金再土
丁已乙戊
刑木卦
丙乙壬甲 金木
甲丙甲子壬 水土

刀木爻
甲戊子丙壬 指
已戊子已 門
中木爻
壬戊丙壬 犀
已子已庫 匹犀
硬爻
丁壬 庚戊
丁戊庚乙
偕爻
乙戊月乙
甲乙庚丁
匹木爻
乙丁庚子
乙丁子庚 壬餘
斷再匹爻
乙庚戊已 丙餘
乙壬甲庚 壬餘
壬戊已戊 甲餘刑木
壬乙乙已 庚餘

甲〻子甲丁 山台匹
庚丙子庚
已戊壬已 報犀
已月乙丁 犀硬
甲乙丙丙
甲已月已
甲乙丙丁
已丙丁丙
丙旬餘
乙丁壬庚 戊餘
乙庚壬子 戊餘
乙壬庚甲 乙餘
壬〻乙戊 丙餘
壬丁月已 壬餘

甲〻丁甲子 仝上
甲壬丙丁子 報犀
甲庚月已丙
甲壬〻庚丁、 報犀
丁壬丁支
丙庚壬支
丙已丙戊
乙丁〻丙 庚餘
乙庚乙丁 庚餘
壬乙丙已 戊餘
壬丁庚已 乙餘

木艮合納

甲壬岳己 金水木水木艮
甲壬子己 水木金土
甲乙丙庚 土金木水
甲乙〻戊 金木水土
丙乙丁辛 土金〻水〻一
丙丁月己 艮金木土
丙丁丙壬

木多屯納

甲丙丁壬戊 先木〻土屯
甲〻己壬戊 戊木 后木土金屯 〻水土往 金土火屯
甲月辛甲庚 庚木 金土火生 土火屯

空木納

甲戊壬甲
先木丙
丙己月子 甲旬
庚月己支 丙
甲丙戊丁乙 戊火屯
丁庚丙支 庚
丙己庚己 壬

木上爻

子丁乙甲 甲
子丁〻甲 丙
子丁己甲 戊
子丁子甲 庚
子己月甲 壬
子己甲〻 乙
子己丙甲

木下爻

子月甲丙 全
子月丙〻 甲
子月戊丙 丙
子月庚丙 戊
子月壬丙 庚
子月乙丙 壬
子月丁丙 乙
子月己丙 丁
子月子丙 己
子月甲丙 辛
子甲〻丙 夾

子己戊甲 己
子己庚甲 辛
子己壬甲 癸
子己乙甲 癸甲
子己丁甲 丙
子己甲甲 戊
子己子甲 庚

子甲丙丙 癸甲
子甲戊丙 丙
子甲庚丙 戊
子甲壬丙 庚
子甲丁丙一 壬
子甲乙丙 乙
子甲己丙 丁
子甲子丙 己
子丙月丙 辛
子丙甲丙 丙支
子丙〻丙 丙甲

子〻月甲 壬
子〻甲〻 乙
子〻丙甲 丁
子〻戊甲 己
子〻庚甲 辛
子〻壬甲 丙支

子丙戊丙 丙〻
子丙庚丙 戊
子丙壬丙 庚
丙庚 壬
戊 乙
甲戊〻壬戊 丁
甲戊丙乙戊 己
甲戊丙丁丁 辛
甲戊〻月庚 戊支

本肖

甲丙庚乙壬　子
甲丙庚丁丁　丑
甲庚己甲己　寅
甲丙壬戊丁　卯
甲丙壬〻乙　辰
甲丙乙庚支　巳
甲丙乙〻庚　午
甲丙丁月戊　未
甲丙丁丙丁　申
甲丙丁乙丁　酉
甲丙己甲庚　戌
甲丙己庚戊　亥
甲戊壬丙丙　全

冉木肖

甲戊乙甲丁　子
甲戊乙丁支
甲戊丁丙甲
甲戊丁庚支　卯
甲戊丁壬丙

无遁爻

甲丙子甲庚
甲丙己戊戊　刀有木

冉木爻

甲庚〻壬丙　燐
甲庚甲壬甲　鵡
甲庚乙甲〻　中叁
甲壬戊乙丙
庚乙己丙
己〻丁己
甲戊〻己　戊
甲庚甲〻庚　庚刑丙

核少良爻

甲〻丁子丁

柄各良爻

壬戊乙甲　共甲
壬戊甲丁　各戊
壬戊己支　丙栗倶无良
壬庚戊乙　甲 丙甲良甲良
壬庚乙壬　甲 丙甲良

甲丙壬甲戊
甲壬甲戊辛　紅
甲戊己〻壬　柄綠
甲戊〻戊支
甲戊甲丁支
甲戊己壬戊
甲戊月庚丁
丁子丁子　戊木
己甲子子
甲戊己庚甲　庚
丁子甲己　壬
甲〻丁乙戊　盲
壬丙己甲　各甲
壬戊甲戊支　各庚
壬戊己子　戊倶无良
壬〻甲支　木 庚甲良
壬〻戊支　木 壬甲良

甲戊月丙乙
甲〻己月足　刲水
己丁月甲
己乙庚己
己甲己丁
己甲乙己
甲乙丙甲
甲戊己〻壬　丙
壬甲壬己　庚
甲戊庚甲壬　木多刑
甲壬丙庚〻
壬戊月足　各丙
壬戊乙子　各壬
壬戊子丁　庚倶无
壬〻丙甲　木 戊丙良
壬〻庚甲　木 庚丙良

甲戊子甲己
甲戊子壬支 午
甲戊壬巳壬
甲戊庚壬丁 申
甲戊庚壬支 酉
甲戊庚丙甲
甲戊庚月戊
木非內屯
丙 辛庚支
名妄內
甲丙乙戊乙 火土
甲月丁戊巳 金水
甲〻乙丙乙 木土
妄內
甲戊甲〻甲 火
甲戊甲戊甲 火
甲戊甲庚支 木
甲戊丙丁子 金
甲戊〻庚甲 土
丙月戊子 金木〻水火 火土妄火金 艮

壬壬乙庚 木 壬丙 艮
壬乙庚支 木 壬庚 艮
刑木內交
丁月丙子 木金
丁甲丙壬 水金
丁丙〻乙 金木
丁戊丙丁 木
屯木交
丁甲丙丙 未家
丁丙庚乙 未字
甲壬戊庚巳 中屯
丁丙戊戊 中
甲壬戊庚子 冬
戊子乙壬 冬
庚乙月子 産
庚巳甲戊 産
甲戊子戊丁 産
甲戊甲乙乙
甲丙壬戊〻 明木屯
甲〻丹月〻 木屯妄永

壬壬子乙 木 戚艮
壬〻巳支 木 鉞艮
乙丙乙戊 丑
丁月庚壬 火金
丁甲乙子 水
丁丙庚壬 水金
丁戊丁子 戊
甲戊丙甲壬 未家
甲壬戊子支 朋屯
子丁丙丁 刀
甲戊月甲〻 中
甲戊甲庚 中
子戊甲甲 冬
巳甲壬子 冬
甲戊甲戊丁
甲戊甲庚戊
甲戊甲戊壬
甲戊月戊乙 丰木屯
甲丙乙丙丁 日木屯
甲戊月戊乙 木屯

甲〻月丙支
壬乙甲庚
乙庚月丁
丁月巳壬
丁丙月壬
丁戊月戊
丁庚甲子
乙丙巳乙 刀 甲壬子乙 屯木
壬丁〻巳 刀 甲戊甲庚 木土
甲戊丁丙子 中 甲子丙子 屯中
子丁丙丁 中 丙〻甲子 中木非
子庚巳丙 冬 丙〻庚巳 房
巳甲戊乙 冬
巳〻甲子
巳月戊巳
甲壬戊乙甲
甲戊月丙丁 木丙屯
甲丙壬巳支 月木屯
甲戊巳丙丁 木産屯

戊木肖

甲甲丙〻乙乙 子
甲丙戊月足
甲丙戊壬戊
甲丙戊子丁 卯
甲丙庚甲丁
甲丙庚己壬
甲丙庚子丙 午
甲丙壬甲丙丁
甲丙壬〻支
甲丙壬子支 酉
甲丙乙戊支
甲丙乙〻乙
甲月乙丙〻 子
甲月乙戊丙
甲月乙庚丙
甲月乙壬丙 卯
甲月乙〻丙
甲月乙丁丙
甲月乙己丙 午

丙昏爻

丁戊甲甲
木空爻
甲戊戊甲甲
甲庚乙丁
木妄爻
庚丙〻丙 偏才
甲庚壬月庚 禾
庚月壬丁 不禾
己甲庚己 木无良 亡許
丙丁月丁 妄名虫
甲己甲乙 良妄兔開
甲壬戊己己
木雜爻
甲戊子丙庚 前定
甲戊子丙〻 取
甲戊子丙戊 加辛
甲戊己乙子 通
甲戊己壬乙 名
甲戊己子庚 助
甲戊丙月壬 寃

丁戊〻甲 己甲木丙
丁子乙支 吁
甲乙乙甲 雷
甲庚乙〻子
甲壬丙甲子 本
甲庚戊乙己 禾
甲壬戊己丁 不妄
丁甲庚乙 木良 亡 虫屯
甲壬己丙丁 重結
庚乙丁子 木妄
甲戊丁丙乙 木晉 屯妄
丁乙戊庚 字
甲戊乙丁甲 美
甲戊子戊壬 禾
丁乙丙乙 木畜
庚丙甲己 美
丙甲丙己 吼
庚丙己壬 秋
甲戊甲〻己 犯案

甲戊己庚乙 己甲木丙
己〻庚戊 冬空
甲庚戊壬丙 孤
丁戊丁己 非甲木
己月戊子 禾 遲山度 己〻戊壬艮
乙甲壬乙 龍妄 壬
庚乙己甲 木良 亡 元火 甲丙壬丙丁 妄 丘閒
甲庚月庚壬 奔妄
丁丙〻壬 取妄兔开
甲壬己〻壬 木 屯 晉
甲〻丙甲戊 禾美
甲丙丁乙 禾
丙己丙戊 偕
子甲丁壬 柔
甲戊己壬支 不禾
甲戊己庚丙 妄良空
甲戊甲〻壬 木目疾

甲月乙子丙
甲月丁月丙
甲月丁甲丙 酉
甲月丁丙
甲月丁戊丙
妄乇內
甲壬甲月戊 金水
甲壬丙庚丁 水火
甲壬庚戊支 火土
丙子戊庚 戊木
甲水金 乇艮木 火戊艮
木肖
甲壬甲〻戊 子
甲壬甲戊庚 辰
甲壬甲壬戊 甲
丙木永肖
子己甲己 子
子己丙己 丑
子己戊己 寅
某木〻不宜爻
甲月乙丙庚 子

甲戊己子戊 亦兄造
甲戊己丁庚 旺銀
子月月甲 荀
子己壬戊 野迷
甲戊子戊丙 匹兄木
甲戊庚戊丙 雄
戊丙月壬 家壶
丁庚戊支 室
甲壬丙丁子 半
甲壬〻庚丁
甲戊壬己子 甲妄
壬乙子甲 丑
壬甲子庚 己
丙戊壬丙 酉
子己庚己 卯
子己壬己 辰
子己乙己 巳
甲月乙戊庚 丑

甲戊〻乙己 孝取
丁月壬〻
庚壬庚甲 荀
甲〻己月足 孝取
甲戊庚丁丁 姤妹田
甲〻庚子 生嵩
乙子庚乙 家
壬庚壬乙 室
甲壬己戊辛
甲戊壬乙〻 丙音妄疾
壬戊乙己 寅
壬甲丙支 午
丙丁月子 戊
子己丁己 午
子己〻己 未
子己子己 申
甲月乙庚〻 寅

丙戊戊丁甲 勸回須
庚甲丙〻 非取
丙壬己丙 不止生非
甲戊子丙丁 取弟木
甲壬甲庚壬 庄嵩 己乙子活庚
甲月庚子 家
戊丙〻丁 隔 戊丙月壬仝上
丙〻丁戊 劝
甲戊丁戊庚 古来
丁子月乙 木索乇
戊己丁甲 庢乇
甲壬甲乙壬 卯
甲壬甲子丁 未
甲壬丙壬丙 亥
子〻月己 酉
子〻甲己 戌
子〻丙己 亥
甲月乙壬庚 卯

甲月乙〻庚 辰
甲月丁月庚 申
庚木肖
甲月丁乙庚 子
甲月丁〻庚 丑
甲月丁己庚 寅
木妄艮
丙月戊子
甲月丁庚〻
甲戊〻甲乙
甲〻丁月戊
丙子戊庚
丁〻甲壬
屯木內
甲庚戊乙戊 鈢木沘屯
甲壬庚丁壬 沘木鈢屯
甲庚戊辛己 鈺木沘屯

甲月乙丁庚 巳
甲月丁甲庚 酉
甲月丁子庚 卯
甲月己月庚 辰
甲月己甲庚 巳
妄屬肖
甲戊月己支 子
甲戊月己辛 丑
甲戊月子乙 寅
甲戊甲月丁 卯
妄肖內
甲丙甲丁支 子
甲丙庚丁丁 卯
甲丙壬子乙 午
甲丙乙子丁 酉
雜支
戊子丁丁 木非屯

甲月乙己庚 午
甲月丁丙庚 戌
甲月己丙庚 午
甲月己戊庚 未
甲月己庚〻 申
甲戊甲〻乙 辰
甲戊甲戊己 巳
甲戊甲乙子 午
甲戊庚丁壬 未
甲丙〻丁支 丑
甲丙壬甲支 辰
甲丙乙甲庚 未
甲丙己乙庚 戌
甲戊庚戊丙 東表親

甲月乙辛庚 未
甲月丁戊庚 亥
甲月己壬庚 酉
甲月己乙庚 戌
甲月己丁庚 亥
甲戊庚甲〻 申
甲戊庚丙己 酉
甲戊庚戊壬 戌
甲戊庚〻丁 亥
甲丙戊丁支 寅
甲丙壬丁支 巳
甲丙乙壬支 申
甲丙己〻乙 亥
甲戊庚乙丁 毋女仝金

艮納
庚丁戊子 金木水
甲〻庚子己 火金土
甲月庚子壬 水金土
艮度
丁己月子 甲
丙月甲 丙
丙子戊〻 戊
丁〻壬子 庚
丁〻庚子 壬
丁〻月 乙
甲月丁丙己 丁
己子甲子 己
丁子子乙 辛
丁子庚子 癸
丁己子壬 癸甲
丙甲月己 丙
丁己戊〻 戊
丙〻庚支 庚

生艮爻
甲月丁壬庚
甲月丁戊壬
分旬爻
壬〻庚辛 丙全
甲壬乙甲 壬全
刀艮爻
戊甲戊乙 木艮早
丁庚丙甲 根早
中艮爻
丙庚己丁 犀艮火
甲壬庚〻子 先阳
冬艮爻
甲丁戊庚
甲丙壬壬 艮犀
定属爻
甲丙甲己支 子
甲〻丁庚支 卯
甲戊月甲子 午
甲戊月庚己 酉

甲月丁甲己
甲月丁庚己 犀冬才
甲庚〻甲丁 戊餘
丁戊子支 戊余
戊子月廷 庚外
甲庚〻庚
甲庚壬乙丁
甲庚〻庚丁 六全合
甲壬庚〻子 刀水桥
甲戊乙戊〻 根早
甲庚〻庚乙
庚乙己子
甲壬〻乙
甲丙庚戊丙 丑
甲〻壬子壬 辰
甲月丁月乙 未
甲戊月壬甲 戌

甲月丁丙己
甲月丁庚丙 冬艮
丁甲戊己 庚余
庚子乙戊 壬余
甲庚月庚〻 庚〇甲庚己子〻
戊甲庚辛 根早犀
甲庚月戊丙 艮多
甲壬庚〻己 根早犀
甲庚壬乙庚 全上
丙丁子甲
戊丁子乙
甲〻乙庚〻 寅
甲戊月庚 巳
甲〻甲乙支 申
甲丙戊丁丁 亥

丙台宮

丁己甲戊 双台
丁乙己子 双台
丙子戊子 双屯
甲戊〻戊甲 双屯
甲丙子壬庚 戊台
甲丙庚丁丙 戊屯甲
甲丙甲〻子 戊屯丙
甲戊〻壬甲 戊屯

艮損納

甲戊丁月丙 戊
甲戊丁甲丁 庚
甲戊月丙壬 壬
甲戊月甲丙 乙
甲戊甲丁己 丁
甲戊甲乙戊 巳
甲戊〻己壬 辛
甲戊〻子丙 癸
甲戊壬〻子 癸甲
甲戊壬庚戊 丙

艮秀爻

子丁月丁
甲丁戊壬 晚艮秀

艮虫爻

丁己〻丙
子壬丁甲 免艮虫
子乙乙丁 多且虫
戊甲壬戊 伯艮虫
戊丁月丙 季

肥金虫爻

乙壬丁戊
壬月子丙 艮且金

悳艮爻

丁乙乙壬 夢
丁〻壬丁 犀艮悳

兎畐爻

乙戊甲己
丙庚甲戊 目折

祀艮虫爻

庚乙丙子

甲月己子支

子壬丁己 仝
丁戊己庚 艮火虫
甲月壬甲乙 免艮虫
子乙己丁 仝
戊子月丙 仲
戊己丁己 少
子壬丁丙 甲虫
子戊甲壬
子壬甲〻 培
丁壬子乙
乙己乙甲 承声
甲〻月戊己 扳

甲月壬丁庚

甲丁戊子 仝
戊己丙乙 龍
壬丙己乙 艮多長虫
甲丙丁庚 仝
戊丁丙支 丗
子甲丁丁 大虫
丁丙丁己
乙子月子 立志
甲〻壬丙〻 附

甲戊庚己壬 戊
甲戊庚子々 庚
艮虫分納
甲月己壬己 艮水半
甲々壬子庚 艮土半
甲々乙戊戊 艮壯半
甲丙戊甲戊 金土艮壯半
甲戊甲己丁 金木艮半
甲戊丙 金土艮土
甲戊丙々庚 土火艮皿
甲々子丙乙 金土艮工
甲丙戊庚戊 金木艮手
甲丙戊々戊 火土艮押
甲々丁月壬 金土艮詞
甲々丁庚乙 火土艮懸
甲々丁甲己 沚艮位
艮难回
甲丙甲丁壬 有无根
甲々甲戊子 无根
丁子々子 早艮

即損支
丁戊壬支 艮乇
己甲乙子 初
甲丙戊壬 空开
艮空文
丁庚月戊 白送
庚乙戊己 艮多空
己子己戊 有无根
艮难文
甲々月甲壬 子
甲々月丙壬 丑
甲々月戊壬 寅
甲々月庚壬 卯
艮迷文
壬甲子丙 山米回宗
乙己々支 山米成立
戊々甲庚 米白
戊土戊庚 未示
己丁々丁 依旧
甲壬丙戊子 火艮乇

甲戊子甲支
子月乙己 全
子甲々乙 訖
壬戊丙子
庚己庚己 早夭
丁子戊己
庚乙甲子 全
丙月丙己 有艮空
甲々月壬々 辰
甲々月乙壬 巳
甲々月丁壬 午
甲々月己壬 未
己々丁丙 刀米
戊丙々秠 奇養
甲戊壬庚乙 半艮
乙戊庚々 生養
甲丙乙戊丁 全右

丁戊々子 全
子戊庚丙
己々子乙
己壬月庚 火艮乇
甲壬庚子壬
甲壬子壬 全
丙戊丁子 艮难冬
甲々月子壬 申
甲々甲月壬 酉
甲々甲々壬 戌
甲々甲丙壬 亥
壬甲月丁 艮奇人
丙乙月壬 甲艮
丙月々庚 水甲姓
丁丙丁庚 未土示白

甲月子己
甲庚丁戊 丙艮屯多虫
艮屯內
甲戊庚子己 金呆屯艮
甲戊乙壬丙 未屯艮
甲戊丙己庚 火屯艮
乙子〻戊 杖开艮
乙子〻子 鉢开艮
丁壬己乙 鉦开艮
丁〻月庚 鉢艮早屯
甲戊丙庚己 艮非屯
寘艮爻
丁〻丙支 金水寘名
甲〻月乙壬 火土寘名
粮爻內
丙己甲壬 金水未山
甲〻壬己乙 水火未
先阴內
丙〻丁壬

寘艮爻
己丙戊子 寘
壬甲己戊 名米
庚己庚〻 艮絲屯未
壬月己丁 至代
甲戊甲乙丙 自寘艮冬屯
双艮爻
甲戊甲戊子 双阴
丁〻戊支 双名
己甲己庚 双
先阴 阴爻 后
壬戊乙支
育阴爻
丁戊庚甲
丁甲戊子
艮絲爻
乙戊丁爻 碧桃
甲戊丙庚甲 艮絲
庚乙庚子 艮絲虫
甲戊甲己庚 甲艮絲夕

己丙丁丁 妾支
丁子戊庚
己戊丁子 艮空
甲戊月己庚 胥代未
甲戊壬己乙 寘屯貽
丙月乙子
丁甲乙壬 双屯
甲戊甲己壬 戊名
甲戊丙己 身
丁月丁子 艮空
甲丙乙子 艮吟不欠欠
甲〻乙丙庚
甲丙月子 艮絲史
甲戊丙丁丙 全
甲戊〻月丁 畐艮丝
甲戊〻壬己 義

甲乙丙乙 少真
壬月甲丁 艮屯
戊丁庚乙 至代
己子丙〻 胥代
甲庚〻庚〻 寘屯又寘
甲戊甲子己 双名
甲丙月丁 双屯
丁丁丙乙
丁甲丁子
壬丙庚〻 胥虫
甲戊〻月戊 曾
子甲丙己 全上
乙子乙〻 余
甲壬丙〻甲
甲戊〻乙庚 仪

系内

甲〻乙丙壬　金木素
甲戊丙庚丁　耒呰曹
甲戊壬乙壬　无艮乇
甲庚月甲〻　系虫封
分艮空蝕
甲戊庚壬乙　甲〻
甲戊丙〻己　戊丙
甲戊庚甲己　庚戊
甲戊乙丙子　壬戊
甲戊壬月己　乙丙
甲戊子丁己　乙〻
甲戊子丙支　丁庚
甲戊己月子　己甲
甲戊丁戊支　己壬
甲戊壬子子　辛甲
甲戊庚月丙　辛壬
甲戊月丁子　辛〻
甲戊〻子甲　癸庚
甲戊壬甲壬　癸己

己〻戊壬　艮孶
甲月壬戊乙　启昌
甲戊〻乙庚　門安
甲戊壬〻乙　艮
甲戊〻己　丁甲
甲壬子己壬　丙甲
甲戊庚戊支　戊〻
甲戊乙庚丁　庚〻
甲戊庚己〻　壬庚
甲戊子丙乙　乙戊
甲戊子甲　丁壬
甲戊丁己己　己丙
甲戊乙己子　己乙
甲戊壬戊丁　辛丙
甲戊月丁支　辛乙
甲戊丙庚支　癸甲
甲戊庚戊壬　癸子
甲戊壬丁支　癸子

甲戊〻己丙　甲艮疾
戊丙丁乙　艮疾
壬丙丁字　煞
甲子庚丁　艮入空
甲〻己丁支　再木艮
甲戊庚乙己　丙〻
甲戊庚丙壬　庚甲
甲戊乙壬支　壬甲
甲戊庚丁己　壬〻
甲戊庚己　乙庚
甲戊子丁丙　丁丙
甲戊己子〻　丁乙
甲戊丁己支　己戊
甲戊乙〻子　己丁
甲戊壬丙甲　辛戊
甲戊甲月延　辛丁
甲戊月乙戊　癸丙
甲戊庚子支　癸乙
甲戊壬己丁　癸〻

甲戊乙甲〻　艮乇
戊甲庚壬
甲〻己丙支　甲乇失明木　丙艮疾乇
甲戊庚丁支　戊甲
甲戊〻己〻　庚丙
甲戊乙戊壬　壬丙
甲戊庚己庚　乙甲
甲戊子乙〻　乙〻
甲戊子丁己　丁戊
甲戊己〻子　丁〻
甲戊丁壬〻　己庚
甲戊乙戊己　己〻
甲戊庚〻己　辛庚
甲戊月子支　辛己
甲戊月壬支　癸戊
甲戊庚壬丁　癸丁

衆艮分支出

甲丁甲戊　甲
甲丙戊ゝ壬
甲丙庚ゝ戊　辛
甲艮支
己月子丁　艮多屯甲冬
丁月子丁　艮出冬坤甲
丙　支
己丙壬甲　丙出冬
甲乙甲丁　丙冬
戊　支
己丙庚乙
庚　支
戊丁子己
壬　支
乙己ゝ乙　本
乙　支
辛月子壬　冬
甲ゝ乙己乙　文
丁　支

甲丙ゝ戊ゝ　丙
甲丙戊庚支　乙
甲丙庚子支　癸
辛戊子丁　全工
甲丁己戊　甲有疾
甲庚壬己丁　丙艮寅
甲庚甲己子　甲寅駒丙
乙己子乙
己戊子丁　庚甲出
己月甲ゝ　文
壬乙己戊　真

甲丙ゝ壬支　戊
甲丙戊乙乙　丁
子甲壬丁　甲出
丙壬子支　甲冬
己庚ゝ子　多屯兔丙
壬丙ゝ己　寅
壬甲己庚　寅
壬庚甲戊　假真
壬乙月　壬出
壬戊乙ゝ

甲丙ゝ乙壬　庚
甲丙庚月丁　己
己戊ゝ丁　兔巳出
甲壬ゝ丁支　寅丙
己月庚甲　戊冬
己戊壬ゝ　庚冬
壬丁庚ゝ　假真

乙己乙庚 本
己 爻
乙己庚丙 本
辛 爻
乙己甲子 本
癸甲爻
丁戊己戊 本
甲 冬
甲月戊丁丙 丙
丙 冬
甲月庚甲丙 戊
戊 冬
甲月庚〻丙 庚
庚 冬
甲月庚丁丙 壬
壬 冬
甲月壬月丙 乙
乙 冬
甲月壬戊丙 丁
甲壬甲月丙 癸艮冬丁

甲〻丁丙己 真
甲〻己月丁 真
甲〻己乙己 真
癸 爻
丁乙庚甲 本
甲月戊子丙 戊
甲月庚丙〻 庚
甲月庚壬丙 壬
甲月庚己丙 乙
甲月壬甲丙 丁
甲月壬庚丙 己

乙月己戊 冬
丁乙戊己 冬
丁月丙己 冬
癸丙爻
丁戊壬〻 本
甲月庚月丙 庚
甲月庚戊丙 壬
甲月庚己丙 乙
甲月庚子丙 丁
甲月壬丙〻 己
丁庚甲己 辛
甲〻己丙丁 甲出

甲月壬月〻 己
甲月壬庚壬 辛
甲〻己丁支 再本艮

分屯先交
甲ミ己丙己　丙先甲
甲丙ミ月足　戊先甲
甲ミ己庚己　戊先丙
甲丙甲庚子　庚丙
甲ミ己壬乙　庚戊
艮未内
甲壬丙子己　土金艮火水未
甲壬ミ子己　火木艮水金未
甲庚ミ乙子　土水艮火金未
艮屯交
甲庚戊壬乙　水

甲丙甲乙壬　壬戊
甲ミ己壬己　壬庚
甲丙ミ壬己　乙庚
甲ミ己丁己　乙壬
甲丙ミ己支　丁壬
嗣难交
甲庚丙乙ミ　难
甲戊乙月戊　阴工
甲庚丙庚壬　根屯
甲庚乙壬甲　火
甲庚戊丁壬　土

甲ミ己ミ丁　丁乙
甲丙戊壬乙　己乙
甲ミ己子己　己丁
甲丙戊己丁　辛丁
甲ミ子甲己　辛己
己甲壬支　先如屯
甲壬庚子壬
甲己乙壬　艮毒屯
己丙己庚　艮索屯
甲壬ミ丁乙　木

甲丙庚月戊　癸己
甲ミ子丙戊　癸辛
甲丙月壬支　息索屯
甲壬ミ乙戊　金

金納
甲戊壬〻丁
甲戊壬丁丁
甲戊壬庚丁
甲戊壬丙乙
甲戊壬子丁
水
火
木
金
土
銀合納
丁〻丁巳
乙丁巳庚
庚丁庚乙
名金度
丙丁戊戊
丁子己甲
丁子丁支
丁子甲己
壬甲月子
丁子丙甲
丁子壬甲
丁巳丁庚
丁〻乙支
鈥金汏艮
汏金鈺艮
埯金沐艮
金
四金
工金
沖金
金
金
吠金
火金
火虫金

金虫爻
甲乙丁子 懸
甲丙戊丙己 虫
丁乙丁子 火虫
己壬庚戊 壯
艮虫爻
甲戊庚乙己
戊乙丁丙
己丙壬子
艮虫爻
乙乙丙戊 艮蝕
旺銀爻
壬甲丙庚
丙甲戊支
丁壬子丙
己丙丁甲 悳全
助金火爻
庚月壬壬 昳易
戊丁戊己 異玉
壬月子丁 求

己子壬丁 秀
壬丙庚〻 翕
甲戊庚丁甲 戕 瓲
乙丙乙乙
戊丁甲己
丁〻丁戊 助
乙丙〻支 多虫
丁甲戊支
丁月壬丁
己丙月子 銀 鶩
己丙月己
子壬庚丁
己丙丁壬

乙庚月丙 虫
乙月子丁
甲戊庚丁子 宮
壬丙辛 戕 融
乙庚丁巳
戊乙子戊 艮斉虫
壬巳丁戊
戊丁丙戊 陰 蛾
乙壬甲〻
丁巳庚戊
甲戊〻甲己 艮虫
戊丁戊丙 助金
壬子〻丙 享畐
戊乙月子 寿長

虫金 丁己戊甲 貞爭 己子壬庚

丁丁甲子 系本 金火文

己庚巳支 貿易 丙庚丁庚 家富 戊丁戊丁 融到白 戊丁庚辛 文

己戊月廷 来乍 甲戊壬庚 戊丁庚丁 甲壬庚辛丁

子丁丙支 支藝 艮火文

子丁子巳 史廷 丁壬月丙 悳 甲壬庚〻甲

子丁甲廷 區 金旺艮且火文

丙甲庚支 灶金空艮 乙戊月庚 子甲丙己 綟文 庚丙月己

壬月丙支 淦金虫艮 己丙月子 丁月己〻 聊金綟火 己丙月戊

甲戊乙庚〻 金犀 己丙乙丁 甲庚乙丙戊 閒中吉

甲戊月己甲 棧凪 告文

甲戊庚月丁 金甲 庚丙〻庚 旺銀 甲壬子支 重吉 戊壬子乙 金吉

硊金内 戊乙甲丙 告

戊丁甲戊 前檜后汢 頭文

丙丁甲壬 前淦艮火虫质土艮水土 丙〻丁支 美 庚丙甲己 戊丁壬庚

始明内 戊丁乙壬 戊丁丁己

丁〻己壬 古土公火水屯 始泰文

甲戊〻己庚 古公金水木屯 乙丙丁己 少 乙戊己戊 乙壬己丙 順

金屯 丁甲丁支 順余 己〻子庚 泰 己丙甲庚

甲月甲丙戊 金水金火土屯 辛丁月甲 艮宊火 乙戊月乙 䓣 丙己丙戊 白和

丙月庚丁 金土克金 土木再家
坤北卜
丁己甲〻 甲
己子甲庚 丙
甲月丁戊乙 戊
甲〻甲壬子 庚
甲〻乙子庚 壬
丁子己支 乙
戊月丙子 丁
甲〻己戊丙 己
甲〻甲己乙 辛
甲丙子〻庚 癸
甲〻子丁丙 甲
甲月己子乙 丙
甲月丁丁壬 戊
甲月乙甲己 庚
金 省
甲丙子〻己 子
甲丙子丁支 丑
甲丙子戊丁 寅

否交
乙丙己甲 乖
金水交
壬甲己壬 金家令
己〻戊甲 田良
金屯交
丙〻庚甲 早屯
巾金屯交
丙〻甲丁
子丁戊丁
守交
丙甲戊〻
乙月〻丙
甲戊月己〻 望節
附金屯
甲戊庚丁戊 外屯
公古交
丁〻乙甲 公古屯
△丙戊壬支 夜
甲妄交

己子月延
丁丙月庚 苦
甲戊丙〻庚 才
壬戊丁丙 未家屯
丙丁〻壬
己乙丙子
丙甲子庚
子壬戊支
甲戊己乙壬 真即
甲〻丁子己 非
丙戊己庚 再家估
壬丙壬乙 浪

己子九子 秋
己月子己
甲戊丙己戊
丁〻甲支 未屯
甲月庚子
丙戊己丙
甲月子〻丁 金中屯
甲庚丙庚丁 外消
乙壬丙丁 未家土屯
己戊庚乙 枕

甲丙子甲乙　辰
甲丙己〻戊　巳
甲丙己壬丁　午
甲丙己戊庚　未
甲丙己月丁　申
甲丙丁丙戊　酉
甲丙乙庚〻　戌
甲丙乙丙支　亥
甲丙己子丁　卯
重金內
甲丙戊乙丁　火
甲丙庚丙支　水
甲丙庚壬支　木
甲丙庚丁支　金
甲丙壬月丁　土
重金省
甲丙庚戊支　子
甲丙乙月庚　丑
甲丙丁月丁　寅
甲丙己甲丁　卯

庚戊月子　本
側真交
己甲戊子　未室
壬戊庚子　非則塡
空艮交
丁乙月己
甲戊庚乙戊　銀犀
重金交
己戊庚甲
娄金交
己丁戊丁　丙金
庚戊丁戊　戊金
娄金乇
乙戊丁壬　再金乇
始雜交
乙壬丙子　清高
戊丁丁庚　显
甲庚己戊　孝
甲戊庚丁丙　始
子甲丁壬　权

丁甲乙丁　匹虫
丁子壬丙　畐至
甲戊己月支
丙庚子支
甲戊甲乙庚　戊金
丙〻壬子　庚金
甲子月子　娄金乇
乚壬丙戊　有功
戊庚丁戊　賢
甲戊庚乙甲　和
甲戊庚子丙　始
乙戊月戊　外惧
甲戊庚戊乙　参

甲壬庚己甲　內耶
壬戊甲子　真側
甲戊月己壬　銀空
丁月子戊
丁子丁子　戊金
甲戊庚　戊金虫
乙壬甲支　教艮
己庚戊己　兵
甲戊丙〻支　和
甲戊庚乙庚　奪
甲丙戊丙戊　息逆

甲丙己庚乙 辰
甲丙己丁戊 巳
甲丙子月丁 午
甲丙子丙戊 未
甲丙子丙丁 申
甲丙子壬丁 酉
甲丙子乙乙 戌
甲丙乙〻乙 亥
刑金度爻
乙丙庚庚 子
乙戊乙己 辰
乙庚己丁 申
重金屬爻
甲丙庚月乙 子
甲丙庚〻乙 辰
甲丙庚己乙 申
甲始爻
丁戊月丁
丙始爻
丁丙壬戊

甲戊庚乙乙 米金
甲丙 戊爻 內疾
甲庚甲庚壬 兑金屯
金难老爻
甲丙戊丙壬 子
甲丙戊〻子 丑
甲丙戊庚壬 寅
甲丙戊壬壬 卯
乙丙乙戊 丑
乙庚月丁 巳
乙壬月子 酉
甲丙庚甲乙 丑
甲丙庚壬乙 巳
甲丙庚子己 酉
丙戊〻爻
甲壬丁甲 田才

甲戊庚乙丁 順
甲內庚甲丙 不成墓
甲戊庚戊丙
甲丙戊乙壬 辰
甲丙戊丁壬 巳
甲丙戊己壬 午
甲丙戊辛壬 未
乙丙己壬 寅
乙丙庚戊 午
乙壬甲丁 戌
甲丙庚丙乙 寅
甲丙庚乙乙 午
甲丙壬月乙 戌
丙庚丁壬 比离
丁壬戊子 异月

甲戊庚乙丙 戔疾金
甲丙庚丙〻 月產屯
甲丙庚月壬 申
甲丙庚甲壬 酉
甲丙庚丙壬 戌
甲丙庚戊壬 亥
乙戊甲丁 卯
乙庚乙甲 未
乙壬庚己 亥
甲丙庚戊乙 卯
甲丙庚丁乙 未
甲丙壬甲乙 亥

戊姤爻

甲月壬甲庚　本折甲　庚丙壬甲　甲折　丁〻戊丙　异月　甲丙戊甲壬　戊奇配

庚　爻

甲月壬丙庚　本折甲　甲子甲丙　丙折　壬丙壬戊　异月　丁己子庚

壬　爻

戊〻乙戊　本　丁子庚爻　甲折　丁己丁戊　丙折　丁己子庚　异月

乙　爻

戊　戊　丙　本　子戊甲丙　甲折　丁戊乙己　丙折　己子壬甲　异月

丁　爻　己　爻　子　爻　癸　爻

甲月戊丙壬　本　甲月戊〻壬　本　甲戊庚壬　本　丁丙〻丙

丁丙庚戊　折甲　戊壬月乙　戊〻月戊　不全　壬丁壬丁　不全

戊〻甲爻　丙折　甲丙戊壬爻　异月　甲丙〻庚丙　异月　壬〻己戊　异月

甲丙戊丙乙　异月

坤比群

甲月壬戊庚　本　甲丙丁月乙　爻

姤品爻

甲戊庚月壬　生列　甲戊乙丙〻　生列　甲戊月己戊　度公　甲戊月戊壬　碎

甲戊壬戊子　求平　甲戊乙戊丁　甲戊乙月乙　且未

甲戊壬丁丙　兹　甲戊庚丙爻　无主弱　甲戊庚戊庚　生碎

甲戊丁丙子　需　甲戊月壬子　生景　甲戊月〻丙　知罔

萃之需

己甲〻丁 量罘
甲月己戊 恆愿
甲壬〻支 义氣
甲乙戊丙 仁宗
甲月甲丙 俊秀
甲丙乙乙 奎姿
丁乙丙子 天倉
庚甲庚子 過人
庚甲己戊 鉦丰
乙壬乙庚 志洒
壬甲月己 締度
庚乙庚丙 荆山
壬丁甲己
甲庚壬丁乙 霧
甲壬庚丙丁 松仙
甲庚甲壬丙 梧竹
甲壬〻月庚 詞才
甲壬〻甲己 需牙
甲壬戊子丁 豈弟

庚乙丁丙 致
庚丙月丙 知
甲乙戊丙 仁
庚月己丁 宗
壬〻辛戊 湖
己月甲乙 行過
己甲戊己 豁[illegible]
壬月辛己 蜚
丁辛壬丁 不或
庚己戊丁 蒿昊
丙辛壬丁 耽鷮
丁己壬己 睎豁
丁壬丙乙 心高
甲壬庚丙丁 俗报
甲戊甲庚乙 每幸
甲戊甲乙丁 显牙
甲庚甲子丁 有終
甲壬乙戊甲 不妄
甲庚〻甲戊 正氣

巽之渙

壬辛壬己 柔藏
甲壬丙戊 探則
己壬乙甲 中直
戊庚甲支 蝤不乔
戊壬丁〻 显厚
丙子庚丙 亨質
己戊甲辛 蒨蚙
庚甲戊乙 君子
甲丁子乙 生仁
庚甲庚丙 藏蘇
庚壬乙乙 稀耕
壬子庚己 方正
子乙子丙 新姑信
戊庚丙子 蚰蜒

无妄

壬子壬庚 誠
庚〻壬戊 苟
壬子乙支 端
甲戊甲辛乙 安分

謙之同人

庚甲庚庚 显
甲月戊庚 和乐
戊壬乙壬 下
己甲己支 儉
丙月甲丁 暢
己戊乙丙 中后
丁乙乙戊 尊度
庚月庚丙 显
庚子丙庚 蕉
庚甲月戊 溫
甲月庚己 有度
甲壬庚乙乙 空俭
甲庚壬庚 音韋

夬

庚月乙己 无宿
戊乙丙戊 无阻
己乙辛乙 无急
甲壬〻甲 好善
丙〻庚丁 不矫

震

甲庚丙子　傲
己甲庚乙　志深
庚〻甲丙　廣
己月〻子　过人
庚戊庚丙　才卓
己庚丁庚　器宇
壬子乙子　生傲
戊〻庚己　岡虽
甲丙庚丙　扛
乙月乙丁　争荣
庚己丙壬　好勝
丙乙甲丙　不群
丙乙庚〻　寡合
丁壬丁壬　昂
己丙己甲　老偏
己壬乙庚　不褒
己甲子乙　某大
甲庚丙丁己　急仁
庚月乙戊　莊赦

坎

已月乙庚　英康
乙庚子丁　昂
己子丁庚　扛
丙庚丙乙　豪
乙〻丙庚　义
庚月己丙　志深
丁丙乙丁　洒落
戊月庚己　康采
庚壬戊庚　心热
甲月丙〻　康慨

中孚

戊庚丙己　眼野
壬庚月子　仝
壬甲戊己　沈濟
己丙庚丁　仝
壬〻丙戊　窑
甲戊甲子丁　仝
己甲月子　中禾
甲庚〻乙壬　深冗

咸

戊庚乙己　中正
乙戊丙己　重义
甲壬甲丁丙　收
甲壬庚丁己　謹口
甲壬丙戊壬　春風
乙己壬〻　操
壬月〻庚　不夸

大壮

甲壬甲丁庚　急烈
甲壬丙庚乙　决
甲丁戊丁　勝
甲庚乙乙　暴死心
甲丁壬乙。　不衰
丙甲辛甲　勇
壬辛壬壬　聪不决
壬甲丁乙　生急
己甲己乙　果
甲庚戊己壬　色不平
甲庚戊丁丙。　貶死心

豫

丁壬〻丁　狂廷
庚乙戊子　仝
乙丁庚〻　痴
己丙乙辛　疑
己丁戊支　无主
己子月庚　首
庚壬丙甲　周長
己壬戊乙　难决
壬戊壬支　三心
壬戊庚壬　不决
甲庚乙甲　仝

同人

甲〻甲〻丁　扶救
庚丙乙丁　豪
己月乙戊　交多
己戊〻壬　交虫
己甲庚辛　金苦
乙丁月庚　青康
甲庚壬甲丙　显巽

蒙

壬丙乙己 奸
壬丙己戊 无实
壬甲乙丙 偽
甲壬々丁己 罘冗
甲壬庚月庚 笑刀
甲壬戊月己 擺
甲壬々子丁 不諾
甲壬乙己己 蛇
甲壬庚子支 交杈
甲庚壬己己 无义
甲戊甲己甲 刹己
己甲丁丙 尌利
己壬己己 反復
甲戊壬己丁 无冬
甲庚乙壬戊 欲速
甲庚甲庚壬 少成
甲庚己壬己 忘秋
甲庚乙己壬 桃尾
甲庚乙乙壬 旦犬

困

甲戊庚甲支 无弟
甲戊壬庚支 自消
己壬己甲 口才
庚丁甲丁 倿
甲丙々己 勝
甲戊庚月乙 心暗
甲戊庚戊丁 刃字
甲戊庚壬己 硅々
甲戊庚子庚 蕩
甲戊壬月乙 佥吟
甲戊壬甲支 吝
甲戊壬戊支 不幸
甲戊壬戊甲 損阴
甲戊壬丙己 青薄
甲戊壬子支 乖
甲戊壬乙庚 无成
甲戊壬々支 公子
甲庚戊辛壬 才不久
甲戊庚甲丁 孫归

大過

甲壬丙壬甲 总勝
甲壬庚子庚 济貧
丙甲己丁 名死
丙丁子壬 悳引呙
己戊壬庚 忌怨
丙乙甲支 肩臂
甲丙甲己 中名死
甲丁壬丙 仝
丁庚々甲 直待死
甲壬戊月壬 成仇
甲戊甲丁甲 国中
甲庚丁乙庚 不宁
甲壬々月庚 七岁
甲壬甲己己 若功
甲壬乙庚壬 逆竟
甲月丁丁 不付
甲戊々乙壬 蚤兵

半宮

丙丙甲戊 金木
丙庚壬己 土火
丁子〻支 水金

甫宮

丙月甲丙 汏半炑甫
丙子戊甲 鈢半汢甫
丁〻甲戊 鈘甫坳去

工宮

甲月丁丙支 火水土
甲〻丁子戊 汢友杜壬
甲庚丙月庚 淦甫
甲庚甲壬己 圭火甫
甲庚丙子庚 圭火友

壯宮

丙己丙辛 火木
丁子庚甲 土金

斗宮

戊乙月丙 坳半鈥斗
己壬丙子 鈥半炑斗

書晉爻

戊辛己甲 云宮
庚已壬支 少勤
辛戊壬丁 青灯
丙月庚乙支 不俗
甲月壬乚支 至史
甲月壬丁支 夫洽
甲月壬丁己 文寺
甲月壬己支 架
甲月壬辛支 杏坛
甲月乙丙支 道深
甲月乙丙子 万卷
甲月乚戊支 雖寔
甲月乚庚支 域
甲月丁庚壬 陶酒
甲月壬庚壬 新
庚已壬己 寸閑
甲月乙己支 来衣
甲月丁月足 三台
甲月丁甲支 工架

博才爻

庚戊己己 玉朱
庚戊甲支 名重
庚戊丁庚 駿
庚丁〻壬 斛
庚戊月壬 万卷
庚甲己乙 造化
甲壬乙壬 峡
戊丁甲支 斗
戊子丁己 掃
壬丙己〻 奇才
丁甲己戊 霄
甲〻丁壬乚 貫
甲壬〻月庚 七家
甲月庚丁 克己
甲〻庚甲 良工
甲〻乚庚 工師
甲月甲丁 豹
丙戊己戊 價
甲戊月子甲 墜
甲〻戊甲戊 文

將半爻

甲戊壬〻戊 弩
甲戊壬〻丙 鵬
己月辛支 高遠
甲月戊〻支 騰
戊己辛庚 躍
乙月丙乙 云烟
戊辛甲〻 池
戊辛〻己 良匠
戊月己壬 蛟
戊辛庚戊 暫駐
丙〻庚子 櫪
甲戊壬庚〻 奮
甲戊月丁甲 困龍
庚月丁甲 順
戊己壬戊 文昌
戊己丁乙 紫
壬庚戊庚 非白
壬庚子庚 紫
巳丙戊支 勿游
乙〻庚壬 班

丁乙子甲 金木斗
甲戊丙壬戊 木火斗
甲〻乚戊壬 燴恩斗
丙己乙甲 狀斗秋壬

甲宮

甲月丁壬支 鈦斗汰甲
甲月乙甲庚 汰斗鈦甲
甲丙戊庚甲 金木甲
甲丙〻己壬 火土甲
甲丙戊〻戊 火土甲
甲丙子壬〻 鈦甲灶壬
甲丙丁戊乙 灶禺
甲丙丁壬丁 金木林

巽宮

甲月乙子乙 水火四
甲丙壬丁戊 火土四
丙乙戊甲 木火四
丙子丁支 鑑烌工檢壬
甲戊月月戊 先四后工
甲戊庚〻壬
己丙丁丙 先工后同全

分句字爻

甲子乙丙丁 甲乙
己壬甲支 甲余
壬甲丙子 全
己戊月戊 全
庚子乙丁 丙余
己丙庚戊 全
壬甲庚〻 全
壬甲壬戊 戊
丁甲〻壬 全
子甲己支 庚
丁甲丁己 全
壬甲辛〻 壬
壬戊丁子 全
己丙庚丙 乚余貼全
戊丙乙丁 巳辰寅申
戊丙丁戊 辰戌丑未
戊丙子庚 寅申巳亥
戊丙子子 子午卯亥
壬〻戊己 子丑寅辰
甲庚丁丙支 酉子

半爻

丙庚己乙 夕子
丙壬月丁 夕丑
丙壬戊支 寅
丁乙己庚 卯
丙庚乙甲 辰
丙壬乙乙 巳
丙壬〻支 午
丙壬〻壬 未
丙壬甲〻 申
丙乙乙庚 夕酉
丙丁己乙 戌
丙壬己丁 夕亥

運動爻

丙乙庚壬 金木
丙乙庚乙 土木
丙乙戊己 土火
甲戊丁丁 水金卯
甲庚月丁 金木汰

仒

庚戊乙壬 半
庚戊丁丁 半
丁壬乙丙
庚戊庚壬
庚〻丁乙
庚戊丙辛
庚戊丙丁
庚丙月丁
庚〻戊庚
庚戊己乙
庚〻己甲
庚壬〻内 夕

名火爻

戊〻壬支 金
戊〻己壬 木
戊庚戊丁 水
戊庚壬丁 火
戊庚子丙 土
辛丙庚支 亥半

晉半爻

戊己庚爻
戊己〻乙
戊己丁子
戊子月子
戊庚壬甲
壬乙〻壬 寅半
丁月庚〻
丁月己戊
丁甲庚爻
丁庚〻壬
己甲庚丙
己庚乙庚
己壬庚壬
己壬己乙
己丁月己
丙戊丙壬 中半
丁〻己乙 冬半
戊己壬爻 丹墀
庚乙己戊 无意

初半爻

己甲戊庚 非谷
己月甲庚 易如
己乙己庚 殊
甲丙〻庚 培
丙甲乙戊 白日
丁甲乙甲 遇元
戊己甲爻 明月
丙〻乙丁 潜
丙戊乙戊 青苻
甲戊丙庚戊 二九
甲月乙〻己 官兇

半與爻

乙丙子庚
乙庚壬壬
戊己戊〻
戊己乙爻
甲壬〻月壬 金
甲壬乙月丁 木
甲壬乙庚丁 水

中半爻

己月戊乙 早奄
辛庚辛乙
庚甲辛爻 池
己月壬爻 不早
辛壬〻乙 埋
庚己〻辛 不藏
庚甲子爻 池
丁戊丙己 欲允
甲月丁庚乙 日火
庚丙乙壬 百培
甲月乙壬爻 力堅

與工爻

甲庚乙〻乙 火甫
甲庚乙己子 土甫
丁乙庚〻 友
戊丁月甲 友
庚戊甲壬 友
甲壬庚子〻 酉友
甲庚丁丁丙 金友

冬爻

己甲丁戊 松調
己壬丙丁 晚
己戊庚壬 仝
丁乙己子 大器
丁〻己乙 晚昌
丙壬庚〻 苦心
乙壬丙己 緜圭
庚甲庚乙 晚標
戊己丙爻 已滑
甲月乙庚辛 他日
甲月乙己〻 文昌

工爻

辛壬庚甲 秀工
乙月己〻 山工
戊乙子爻 員工
甲壬丁甲丁 工
甲壬丙乙壬 半員工
甲庚子月甲 鄉舉
甲庚壬乙丁 憂
丙甲乙壬 莫美方工

蒙爻

丙丙丁丙　垂
丙庚壬戊　育
戊丁戊〻庚　桃
戊乙甲庚　湍
戊乙丁庚　經
乙子丁己　融
己辛〻辛
丙戊辛丁　阜
戊〻寄己　倦
丙戊子支　玷

半雜爻

甲庚壬〻丙　貨
乙乙戊支　貿半
戊己庚丙　革又半
戊己庚己　全
甲戊甲乙甲　失復得
甲壬戊〻丁　半四壬
甲庚〻庚戊　不求
甲庚〻丙〻　不情
丙戊子乙　易得失

半止爻

甲壬丁己甲
甲壬己月〻　全
甲壬子戊壬　不斗
甲壬庚壬支　吾桐
甲壬庚乙丙　不斗
甲庚丙月丙　逸
己甲丁支　半止
戊乙丁丁　全

半失爻

丙戊子乙
乙子壬庚
甲丙〻己戊

多才否爻

甲庚乙戊甲　孽
甲庚乚戊庚　布
甲庚乚〻己　厰
甲庚乚丁乚　高
甲壬甲壬丁　凉

工畐斗雜爻

庚丙月辛　畐
甲壬子乙辛　畐止
甲戊庚〻辛　畐
甲戊庚丙庚　先友后畐
甲戊子乙己　四中高
甲戊子丁支　友畐斗
甲戊子戊甲　畐并斗
甲〻甲壬丁　畐止
甲戊子乙甲　友并斗
甲壬〻庚丙　友栏
甲壬〻乚丙　友不斗
庚丁乙丁　工受戢
甲庚乙丙己　捐工等
甲壬乚甲乙　荐不斗
庚己壬壬　工止
丙甲乙壬　甫止
甲戊〻甲庚　題标
甲戊甲庚丁　不顧
甲戊月丙己　不点

晋否爻

甲戊甲戊　老於
甲乙己支　一斤
甲〻壬甲　書生涯
甲辛甲庚　本年
戊〻庚辛　皆梯
戊〻乙辛　躋
庚辛乚支　无元
壬月辛〻　怨
乙月丙〻　詩酒
丁丙戊支　孫
丁戊庚子　阳
己乙壬戊　空
己甲〻子　难
甲戊月壬己　不貶
甲壬戊壬支　白首
甲壬甲己庚　处无成
甲壬戊子　鯉
甲己月延　无名
甲己戊壬　枉費

廿甲

庚月子丙 甲
庚戊己丙 丙
丁庚月廷 戊子
丁戊壬戊 亥
丁甲〻丙 壬
壬乙壬庚 甲
己戊月丙 丙
己甲壬戊 戊辰
壬乙辛庚 庚
己月子戊 壬
辛月〻辛 甲
辛月甲辛 丙
辛月丙辛 戊子
辛月戊辛 庚
辛月庚辛 壬
辛丁月戊 甲
辛丁甲戊 丙
辛丁丙戊 戊戌
辛丁戊〻 庚
辛丁庚戊 壬

庚丙乙丙 甲
庚丙子己 丙
丁〻庚子 戊午
丁壬戊甲 庚
庚〻子甲 壬
壬丁戊庚 甲
丙甲丁壬 丙
壬乙戊子 戊戌
己丁乙庚 庚
己甲戊〻 壬
辛丙辛甲 甲
辛丙己甲 丙
辛戊月甲 戊午
辛戊甲〻 庚
辛戊丙甲 壬
辛乙月戊 甲
辛乙甲戊 丙
辛乙丙戊 戊辰
辛乙戊〻 庚
辛乙庚戊 壬

丁丙己丙 乙
庚己戊乙 丁
丁己壬甲 己卯
庚丁壬支 辛
庚己〻壬 癸
壬子己支 乙
己甲己子 丁
己庚子甲 己丑
壬己子己 辛
己戊子庚 癸
子月己支 乙
子月辛支 丁
子甲月〻 己午
子甲〻支 辛
子甲丙支 癸
子壬甲丙 乙
子壬丙〻 丁
子壬戊丙 己丑
子壬庚丙 辛
子壬〻丙 癸

丁甲戊甲 乙
庚己子丙 丁
庚〻甲庚 己酉
丁壬〻支 辛
庚己丁乙 癸
己庚己支 乙
壬乙己子 丁
己〻月丁 己未
己壬戊丙 辛
己庚己丁 癸
子庚〻丁 乙
子庚壬丁 丁
子庚乙丁 己酉
子庚丁〻 辛
子庚己丁 癸
子乙壬戊 乙
子乙乙戊 丁
子乙丁戊 己未
子乙己戊 辛
子乙辛戊 癸

斗爻
甲月丁己己 侯
甲月丁己丙 刊
甲月丁丁丙 翥
甲月丁子丙 杏
甲月庚子甲 鼇
庚壬乙丙 四斗
甲戊子戊乙 四斗
甲己甲壬 映紫
甲壬月甲 掇名
甲壬丁乙 豸
甲己子丙 雷
甲庚甲支 晏
丙丁甲戊 闈
戊子戊乙 金卮
庚甲壬己 池
庚壬子支 月桂
甲壬己丙 扁榜
甲戊庚月己 斗止
辛戊壬子 可甲
甲戊月庚支 斗文

丁辛壬辛 元
丙庚〻 仝
甲戊月丙支 元
甲戊〻乙戊 恩斗
戊辛乙戊 仝
戊己丁壬 仝
甲壬庚丙庚 寅
甲壬庚丁庚 申
甲壬丁子乙 奕
甲壬戊甲乙 許
甲庚乙甲乙 半良斗
甲戊丙乙壬 斗京戰
庚丁己戊 斗尨戰
乙丁己壬 受教
甲庚月甲丁 効任矢
甲壬戊己壬 斗止
甲戊丙乙 仝
甲〻己子支 仝
甲庚丙子甲 仝
甲戊丙庚己 仝

甲爻
甲壬丁己 變
庚子庚甲 策
丙壬月庚 鳳
戊己丙甲 黃
戊子丙甲 蹄
己甲乙庚 浪
甲月丁子丙 連捷
甲月己壬壬 柏梁
甲月乙壬子 又良
甲月己乙丙 又良

雜爻
甲丙己甲 会
庚丁壬子戊 受戰
己〻丙戊 甲止
壬戊壬子 会
壬己乙丁 仝
甲壬庚乙壬 捷
甲戊〻乙丙 甲不翕
壬丁丁子 解

鼎爻
甲戊〻子己 甲
甲戊壬丁 仝
甲壬甲甲 仝
丙月己壬 仝
壬甲丙甲 丙
丙戊壬甲 仝
甲戊庚子 仝
庚子壬乙 戊
丙乙丁戊 仝
甲戊壬甲 仝
甲丙己丁 仝

玉堂爻
庚丁子〻 馬
丁壬乙甲 凨
己庚己壬 恩甲子卓
甲壬乙月己

肸爻
丙乙己乙 唱
壬戊甲己 傳

大壯爻

壬己己乙 葛
壬己月壬 孫
戊月壬丙 去文聖
甲月壬乙丙 半角
甲月壬子〻 斯風半
甲月己月乙 御道斗
甲月子甲丙 甲

蠱爻

庚丁甲壬 四非声
庚〻戊壬 四寺書
庚己月庚 四冬
己甲壬乙 异
甲壬月甲支 异墻
乙月乙庚 移具火
甲〻戊〻子 半四壬
甲壬丁〻庚 弦衣
甲壬乚支 弦石耐

壬己丙庚 擒
庚乙壬乙 頗
庚丁丙戊 文衆炎
甲月壬乙庚 水犀半
甲月乙月乙 金水斗
甲月丁子己 絰韋斗
甲月辛丙甲 无
壬己戊〻 四
庚丁甲丙 四未遂
己丙庚己 移异成
己丙乙戊 异奇
庚己丁壬 去㐫异成
乙戊己庚 仝
甲壬〻月甲 效武
甲壬乚戊子 襄尨衣
戊子月壬 苣四今壬
乙甲己庚 四戢
甲戊月〻戊 四貢工

壬己乙壬 吳
戊丙甲丙 翦
丁丙庚支 去文聖工
甲月壬己丙 千成半
甲月己甲丙 麟斗
甲月己甲壬 壯氣斗
丙月壬戊 元
甲月乙甲乙 四詞
甲月乚甲丙 四肆
己丙己壬 去文取异
戊丙甲甲 异日畠
辛戊壬己 財發
丁月子壬 仝
甲庚巳月壬 异效武
甲戊子庚戊 非凶戢
甲庚戊壬丁 刀壬

甲月壬丙乙 半
甲月壬庚〻 半
甲月壬〻子 半家
甲月壬丁乙 孫阳半
甲月己月丙 凄斗
甲月子月丙 裘帶甲
甲月壬戊乙子 斗甲
甲月丁甲乙 四弩刀
甲月丁壬丙 四家天
己甲庚戊 异
甲戊丙月庚 异
乙月庚甲 移火
甲壬戊子丙 四肙吏
甲庚戊乚庚 車工序
甲戊壬丙丁 序

升卦
紫微星
甲乙乙子
甲壬丙丁支
少微星
辛乙〻支
甲戊子己　公
丁庚辛支　公
甲己〻壬
天部星
己戊己丙　吏
甲庚〻乙支
己壬乙丙
己壬丁支　兵
己庚戊壬
己戊丙支
戊丙壬子　兵

己庚〻支
甲庚丁丙
侯圭星
甲戊辛己
甲己丁乙
丁丙丁子
辛庚壬己
仝
子己庚丙
子己壬丙　尸
子己乙丙
子己丁丙
子己己丙
子己子丙
甲庚己壬甲　尸
甲庚壬丙己　尸

丁丙丁壬
丁丙乙己
天客星
辛壬甲子
甲壬己乙己
辛甲戊甲
天差星
庚丙乚庚　宗
丙己甲子　宗
甲壬戊〻子　辛壬夆
甲壬丙甲乙　宗
甲庚丙壬戊　宗
壬〻丁戊　主
丙己甲庚　主
甲庚丁子乙　主
丙壬丁丙　盐

丁庚甲丙
丁庚壬丁　艮
伯皆星
子乙戊　子壬甲子付
丁月丙己
子庚甲乙　布

甲品文
子己子丁 公瓜
甲庚子壬 柱
乙月々丁 尚
戊々壬己 左
丙々丁々 帯
壬戊壬丁 右丞
丙文
子子戊丙 郎
壬庚月庚 布
戊文
甲壬戊己甲 左畐
乙戊壬甲 里
甲己丙己 梟
戊己戊支 常
甲々戊壬戊 录
庚々文
甲々庚乙戊 甬畐
甲々壬乙戊 罣小
甲々字壬乙 付承

庚丙子子 天
子々甲丙 尚
子戊月月 金邑
己戊己丙 已座
丁子壬己 朱
丙子々乙 仝
甲己々壬 甲品
戊子丙支 寺仝
壬庚甲乙 仝
戊庚壬々 右者
子々壬丙 家承
乙丁己丙 里
壬己丁支 仝
甲戊子々 常
甲辛戊庚 仝
甲々庚丁戊 里小
甲々壬丙戊 業小
甲々庚戊々 仝

庚々壬乙 台
壬戊丁己 桐
庚壬子丙 肩文
壬丁甲戊 帯
壬庚戊壬 仝
乙壬己々 仝
子々丙々 各季
己壬子甲 丙品
子々庚丙 甬止
子々丁丙 侯
乙々甲子 戊品
甲々庚丙戊 合運
壬庚乙々 仝
甲々庚己戊 占少
戊丙壬丙 鴻
甲々庚丙子 鳥

子戊己甲 甫
壬々月支 鑾有完
子々月丙 左
壬庚乙甲 仝
壬月壬丙 仝
庚甲丁々 无軍
甲々月丁 郎
子々乙丙 里
甲々戊壬支 京付
壬子戊々 仝
甲々庚甲戊 業
壬戊壬己 業
甲々庚子戊 常小
庚々壬丙 仝
甲々庚子戊 兵晋

甲庚丁月戊　升首
甲壬乙甲丙　丙付升
乙　壬　庚　庚品
再庚爻
庚　壬月壬　酒星
庚戊壬丁　黄李
甲〻壬〻戊　付
甲己戊甲　再王付
戊己乙甲　月央
壬爻
甲〻壬乙戊　方庶
甲〻月子戊　合事
甲壬庚甲庚　付左
甲庚戊月甲　初壬
壬己己庚　再壬
再壬爻
甲〻甲戊丁　翕壳
甲〻甲乙戊　監吏
甲〻己戊　士畐
乙丁甲壬　壬品

庚辛〻甲　观蘭
丙戊丙甲　熊式
甲丙丁己庚　全工
甲〻壬甲戊　全工
庚戊甲〻　壺
甲庚戊丙丁　升付
甲丁乙辛　付凶
辛甲戊甲　五遠
甲〻壬丁戊　宗里
甲〻甲月戊　親良
甲壬庚己丙　客符
壬己〻甲　亲壬
壬子丁甲　丙凶
甲戊子戊己　巫洗
甲〻甲丁戊　訊外
甲〻甲子戊　合提
壬乙庚子　周

壬〻丁壬　沩
戊丙甲辛　珍
甲丙戊月庚乙　首付
甲〻壬戊〻　冬壺
甲庚壬子　全工
甲庚丙壬己　全工
戊庚丁子　桂楚
甲〻戊月戊　权付
壬〻庚丙　叅西
甲〻壬己戊　甬叅
甲〻甲〻戊　台中
己〻丙丁　羊公
壬〻己甲　升壬
甲〻甲戊〻　来
甲〻甲庚戊　宗畐里
甲壬庚子乙　升周
甲壬〻丙丁　合禾大
戊乙丁戊　周文

戊庚戊支　駉
壬甲乙支　翈
甲〻壬庚甲　翕李
甲〻壬庚戊　姑同
甲己甲〻　全上
戊〻丁甲　嘶
甲〻壬子戊　录小
甲〻甲丙戊　丙付
庚丙乙〻　石付戕
甲庚甲月甲　矢升全
戊乙己丙　升用
甲〻甲壬戊　鳥小
甲〻戊己戊　牧
甲庚壬〻壬　合大

乚爻
甲々丙乚戊 各賣
甲庚戊月丙 般草
甲壬庚乙子 者事
甲壬庚己支 京会
乙壬々丙 戊文
再乚爻
甲壬乚丙々 方善
甲々戊壬甲 非正
庚甲己己 升至
甲々丙丁戊 恰半
甲壬庚々支 同
丁爻
甲庚丙壬戊 編
甲庚丙丁廠 甬至
甲庚戊丙支 甬矢事
天壬爻
甲庚甲戊丙 刀壬
甲壬乙壬丁 肩
甲庚戊々己 鳴

甲々丙甲戊 方允
甲々丙庚戊 宗主
甲壬庚戊壬 寺永
壬辛戊乙 升戊付
壬辛甲壬 周半正
甲々丙壬戊 撰
甲々丙乙戊 布至
乙戊乙庚 至正
甲々丙子戊 周同
庚己乙戊 同成
庚壬月丙 扁
甲庚丙壬乙 里褌
甲庚丙丁庚 業薄
甲庚戊々己 安至
甲己丁子 斗甲壬
庚乙丙己 澤
戊丁甲壬 甘

甲々丙々戊 国業
甲々戊丙戊 宗經
甲々戊丁戊 京戊付
乙壬月甲 壬戊付
甲庚壬月丙 戊幻
甲月己辛庚 全
甲月辛月己 木天
甲庚壬甲乙 理
甲庚月丁丙 四肙同
乙丁壬々 乙品
甲乙壬丁 扁
甲庚丙乙丁 常愽
甲庚丙子己 畐譁
甲庚戊庚丙 付夅
甲庚月甲丁 斗壬
庚乙庚々 倩
丙壬丁甲 壂

甲々丙戊々 主事
甲々戊乙戊 者至
甲壬庚戊丁 啇軍
乙々己丁 戊止
甲壬乙子丙 乙品
甲乙壬丁 全
辛甲己支 全
甲々丙己戊 全
甲戊丙乙己 全小就
甲庚丙乙己 或亟
甲庚丙子壬 京亟
甲月壬乙壬 全工
甲壬々壬乙 民印
甲戊丁甲 碑
丙々月乙 皃

庚丙壬辛 清
丁丙丙戊 桃
甲庚丙甲支 升矢
丙乙庚子 复壬
丙月巳庚 致
再丁爻
甲庚戊子支 檢
甲庚〻丙乙 占藩
甲壬甲子 丁品
己爻
甲庚己月庚 博
甲庚〻乚丙 安矢
壬己丙辛 友
甲戊丁月庚 屡壬左
甲庚壬甲壬 壬左
甲庚壬己庚 運庫
戊丙甲丙 宗
戊庚子己 桥
再己爻
乙丁乙己 薄

甲戊庚[illegible]甲 暑天
甲戊月乚子 琴
甲丙庚壬 取
乚壬子子 升
甲庚丁戊丁 矢昔省
甲庚乚戊戊 内升矢
庚丁丁丙 庶
甲庚〻月丙 中书
甲庚〻丙壬 各书
甲〻壬月甲 仝
甲〻子戊巳 务
甲庚乙甲丁 或李臣
甲庚〻丁壬 付至
戊己〻壬 寅升左
壬甲巳巳 黼
甲戊〻戊己 升存卓
甲庚〻己丁 李臣
乙壬〻壬 山斗
乙壬戊巳 諭
甲壬丙〻支 先礼
甲庚〻己己 布照

庚己甲乙 君矢
丙〻丙乙 斗
甲庚乙壬丙 升矢水
甲庚乙巳庚 左千矢
甲庚乙子子 聿占工
乙庚子甲 吉
甲庚〻戊〻 布都
甲庚巳丙〻 台丞
甲〻子庚丁 舍人
甲戊子〻壬 扇
甲庚〻乙戊 布庫
甲壬戊己丙 初至
戊乙己巳 左
甲壬丙〻壬 壬左
甲庚〻戊丙 埴史
甲月壬子壬 化
戊丁庚己 桃
乙戊壬戊 芹升
甲庚〻月廷 典薄通

戊己乙乙 异
丙〻乙丁 馳
甲壬〻戊丙 复壬
甲庚〻壬乙 升左暑矢
乙巳戊乙 仝工
甲庚〻戊巳 半
壬子甲壬 半止
甲壬丙乚子 古工
甲庚乚丙庚 刀庫
甲庚〻月戊 至千左
戊〻甲辛 壬左幼
甲戊〻乙丁 仝
庚丁巳 仰
壬〻子支 綱
戊〻乙甲
甲〻壬戊丙 巳品
甲壬巳壬〻 刀踰
甲壬巳壬巳 刀道

調

辛爻

甲庚〻己乙　安船
（再辛及雜爻）
乙子己甲　諂
甲壬戊丁丙　罾吏
甲戊乙月丙　刀僉
壬丁丙〻　典
壬庚己〻　駟
戊壬丙甲　磨
甲壬乙月丙　尨戰
甲庚壬乙戊　品戰

升雜爻

甲丙己子庚　火土壬
丁己辛甲　榮妹爻非
甲庚〻月乙　妹丁狂
甲壬庚壬〻　針壬付
甲丙丁辛庚　效戰
丁庚己〻　妹受淦非
甲月丙庚子　杖受九木
甲丙丁庚乙　水木除

乙丁戊庚辛

甲庚乙丙乙　素布戎
甲壬乙丙乙　目孔
甲庚壬〻戊　目僉
甲戊子乙丁　僉
壬甲庚己　全
壬〻甲庚　岳
甲戊〻庚丙　庙戰
甲庚甲乙丙　欽

履任各爻

甲壬庚辛丙　效土
甲壬庚壬乙　天恩
甲戊壬乙支　中庸
己乙庚壬　膺紫
甲戊月乙丙　達柏
戊己子庚　南国
乙月丙丁　撒天
庚月丁甲　順風

甲庚壬乙甲　薄

壬辛甲支　全
甲廿丙乙己　獄通
甲壬丙月壬　目幻
甲庚甲丙卯　史員至
甲戊〻丁支　甫难
壬甲月壬　樂
壬子丁己　目

升爻

甲辛己戊　行耳
己〻己戊　枳工
丙壬己〻　不藏
丙乙丙丁　早壬通
甲戊丙甲乙　直工
甲庚丙戊己　禾見
甲壬甲子戊　是契
甲庚戊子丙　平水

卯庚甲〻己　付天事
甲庚己戊壬　磨通
壬庚戊己　僉叁千
丙庚子〻　甫
甲庚月庚丙　刀难
丙辛壬丙　祀

全

甲庚戊丁支　僉
甲戊〻甲丁　凶吉
甲庚己子乙　孚升
甲壬丁丙戊　十升調
甲庚丁月壬　好音
庚己丙庚　社虫
庚己戊己　禄
戊辛甲子　壬財
甲戊丙壬支　任僉

甲丙乙壬庚 金水除
甲壬乙庚丙 投効
甲壬々乙甲 林壬付左
甲壬庚月丙 燧壬戩京
甲壬乙戊子 林壬州左
甲壬子己乙 文壬貳
甲月乙月延 金木夕 水火老

壬火交

甲戊己子乙 金水丰
甲庚丙甲壬 子恩
甲戊壬子壬 丑寅子之
甲壬甲丙甲 申酉千

壬水交

甲壬乙庚々 灶幻
甲壬庚月壬 子丑真
甲庚丁戊支 未壬幻

壬雜爻

乙庚戊乙 辛壬損
甲戊乙己己 显复
庚己丙支 再轉

戊子庚壬⁚ 春吕
戊子壬支 五馬
壬庚丁戊 功
壬己乙甲 真着
甲月戊々支 文星
甲庚壬庚己 差多
甲壬丙庚丙 三己
甲乙庚己 丑寅火
甲庚甲壬々 桧千
甲庚壬戊甲 狃金火
甲庚甲戊壬 卯千
甲壬丙壬子 申酉任
甲壬己戊乙 肩
甲庚戊々丙 木幻
甲庚々甲庚 仝格
甲庚丁壬丙 酉夾幻
甲戊乙己庚 壬酉.
甲戊乙丁戊 甲才皮空
甲丙月乙丙 官匹

甲戊々壬々 刀發
甲壬丙壬丁 午升
甲庚戊々乙 子格
甲壬戊壬庚 壬悞
甲戊々子々 錯听
甲壬々丁庚 自吴
甲壬丙乙戊 柳
甲々庚月戊 琴
甲戊子々丙 灶千
甲庚丙戊乙 丑千
甲庚々壬甲 辰千
甲壬丙乙甲 辰巳升忍
甲壬庚戊己 酉子
甲壬庚己戊 子慎
甲庚戊丁庚 仝变
甲戊己子丁 酉变咎
甲戊子甲壬 士隐
甲丙子丙戊 义

甲庚丁戊丙。 矢
甲 己月丁 行 艰
甲壬丁甲子 嘆
甲壬甲々子 恩归
甲壬々壬子 水又犬
甲壬丙乙庚 峀罒庚丙巳戊口
子戊己甲 甫貧
甲庚乙子丁 冰千
甲庚乙子乙 丑寅千
甲壬々丙甲 午未千
甲壬丙乙丁 午升
甲庚戊々己 子壬千
甲壬甲々戊 卯辰幻
甲壬丙庚子 寅卯幻

大壯　天策星
壬〻乙辛　軍
丁丙戊己　全
丁丙乙甲　提
庚戊壬辛　全
戊壬丁甲　全
甲壬乙〻子　甲品
甲壬乙月乙　升是
甲壬庚子月　劦
乙丁子甲　大
丁己子乙　畐聽
戊庚壬爻　大胜
丁戊辛〻　忝
丁己甲乙　拵
丁庚月壬　升拵
甲壬甲丁爻　司
丁己丁壬　刀者
戊壬丁壬　者
甲庚戊庚〻　忝拵
庚子丙己　者先

庚壬爻
甲壬丁庚　者止
甲壬甲庚丙　申千者
甲戊丁戊丙　劦真
甲戊丁甲爻　拵
甲戊丁月壬　守
乙子甲庚　刀寸
戊乙子丁　升寸
丙壬丙壬　全
甲庚〻丙子　己升寸
甲庚〻丙戊　火升寸
甲庚戊乙庚　复守
甲庚丙〻子　子升由
甲壬庚月己　釷千〻
甲壬戊丙壬　守
甲庚壬乙乙　总畐
甲壬甲子己　金千〻水
甲壬月丙〻　守山
庚己丁甲　搁長
庚子甲戊　冬左令

乙丁爻
甲戊庚甲丙　刀是次巴
甲壬甲己乙　放升巴
甲壬月乙　金壬巴
甲庚月戊子　木升千
甲庚〻壬〻　僉畐
甲壬戊月甲
甲庚丁子戊　欽壬巴
甲庚〻乙丙　木壬巴
甲戊丁戊乙　巴
甲戊丁庚丙　巴
乙壬丙壬　升千
乙庚〻庚　全
戊丙丁甲　百
丙甲丁庚　巴
己乙庚〻　再巴
壬子丙〻　家
己乙丁丙　百家
丁己己辛　六金
甲壬甲〻丙　土料

天兵星
丙庚月己
丙庚丙戊
己〻丙〻
戊〻庚丁
戊庚丙乙
己〻乙己
己丁甲庚
戊月壬庚
己〻庚己
丁乙壬己　有名
庚丁子丙
己〻乙戊
甲戊丁甲乙　鈴
甲戊丁甲壬　藝
壯壬爻
甲壬戊壬丁　申升
甲壬戊壬子　卯升
甲庚壬甲〻　赤升
甲壬己甲〻　升

壯畧爻

甲壬己壬　屋权
甲庚丙戊　呂班
甲庚己丙　運
甲月己戊
丁壬戊壬　尊姐

壯雜爻

甲丙月庚　領由
甲己甲丁　夸馬
甲戊己己　殺豪
甲戊甲支　有名

家人中爻

丙壬庚支　土虫昷
己丙壬支　旦不斗
丙甲丁丁　㕣斗甲
丙乙己丙　丞斗甲
乙己子庚　眼斗甲
乙己乙壬　日艮斗
辛甲丁：　日艮虫
乙己丁：　比斗甲

升提

甲庚己甲庚
丙戊月庚　司命
丙乙丁乙　三車
戊丙壬子　帥軍
戊月乙支　軍兵
己：甲丁　千戚
甲丙壬乙支　忽
丙庚月戊　望頭
戊乙庚：　心厚
戊：庚：　仁恩

家人半爻

戊己庚戊　下至虫
辛甲丁：　日艮虫
丙月戊丁：　㕣半
丙子甲辛　眠眼半
丙丁月丙　日艮半
丙辛庚：　眼比半
丙己乙：　比半
丙戊丙：支　庚㕣冠

庚戊壬壬　分閲
庚丁丙丁　权
庚丁庚丁　武戚
庚丁乙丙　將略
甲戊丁戊丁　中貞
己丁乙甲　莫賓
己丁：戊　政金
己甲子壬　哥才

先半后木爻

甲月乙壬辛
甲月乙：乙
甲月乙丁乙

先木后半爻

甲月丙辛支
甲月庚丙辛

丁乙戊　分續
甲庚丁甲庚　不入五亦木斗
庚丁己庚　席
庚丁己子　威
庚子戊支　帅
乙己戊辛　观庫
丁子壬己　总兵
己辛月甲　有名
己丁庚己　行善

晋半木屯爻

甲戊月戊乙
甲戊月：子

半木屯

甲戊月戊乙
甲戊丙甲丁

晉卦
甲〻月丁乙 亮士
丙子乙巳 豪士
甲庚丁戊己 莫士

履卦
丙辛壬辛
丁己戊丁 技
丙辛壬乙 貿
丙辛乙戊 曾
甲丙辛〻乙 胥
丁丁丙甲 差
丁己丁丁 習壯
丁〻丙己 隨
丁辛甲壬 剃

空卦
丙丁己辛 空
丁〻丙戊 乞
丁乙辛丁 道

師爻
甲庚壬戊壬 糊口
甲庚丁月丙 千鍾
甲庚丁甲己 賓左
甲庚月丙子 雀鳴
甲壬己丙乙 尺书
甲庚子戊甲 侯伯
甲壬〻甲戊 少年
甲庚戊庚丁 三命
甲庚〻丁支 三峡
甲庚壬月壬 羽仪
甲庚壬甲支 八方
甲庚壬戊庚 千里
甲庚壬戊丙 殳筆
甲戊月庚〻 詞才
甲戊月丙己 朱不点
甲庚〻壬支 致壬師
甲壬戊庚乙 玉问
甲戊乙〻甲 致壬紉

甲壬〻子丙 寒棨
甲庚乙丁丁 条篭火
甲壬庚己庚 子孫
甲庚甲月乙 肖筆
甲庚〻壬丁 諳韋
甲庚丙甲丙 作操
甲庚戊丁乙 名生
甲壬丁戊甲 刑本
甲壬〻庚子 忠厚
甲壬〻戊支
甲庚丁己庚 借柄
甲壬〻乙〻 有杖
甲庚乙庚己 口亏
甲庚壬戊支 口亏
甲庚壬乙子 屈才
甲庚乙己丁 刑
甲壬〻月丙 心寧
甲壬丁戊己 李師
己庚戊壬 杖

隨爻
甲壬〻、甲壬 佳良
庚子壬甲 小心
甲庚己庚丙 利
甲壬丁己乙 笑
甲壬戊子乙 绐
甲壬戊丙己 天差
庚丁丙乙 遇虫
庚丁戊庚 大畐
庚甲壬〻 凴
庚己〻庚 舍座
己甲己丙 視虫
甲丁己甲 成家
甲壬庚甲戊 紀
庚丙月乙 脱汚
丁丙己支 否
乙月壬丙 否
甲壬乙壬丙 早苦
丁丙〻子 戝
甲戊月〻壬 儆
甲戊月丁乙 奴
甲戊庚月庚 鸾

大畜爻

甲戊己子己 史
甲戊巳月戊 尸
甲戊己子丙 丰
甲戊丁〻丁 丘
甲戊己戊丙 开
甲戊丁子戊 工
甲戊己丙戊 岀
甲庚壬庚壬 代来
甲壬戊丙庚 文末
甲壬戊丙甲 列生
甲壬戊己戊 房禾
甲庚壬丙乙 房尸
甲庚壬丙己 丰
甲壬乙己丁 承
甲壬庚月戊 合
甲壬丁月丙 庫
甲壬乙〻乙 先巫后髙
甲庚己丙戊 四禾
甲壬〻丁壬 胥

小畜爻

甲丙月〻子 胥
甲丙月庚子 史冬
甲庚丁甲庚 稿
甲庚壬庚壬 戊来
甲壬戊甲戊 寺跡
甲庚〻壬子 公斂
甲庚〻庚丙 帰卧
甲庚丁己丙 无實
甲戊己月己 差
甲戊丁乙子 壮
甲戊丁壬甲 頭
甲戊丁乙戊 馬
甲戊己丁壬 立
己丙己庚 訟
丁子甲支 仝
壬丙丁戊 約
己壬月丁 仝
丙月子戊 仝
甲丙子〻戊 親岀

觀益爻

乙戊丁丙 岀式目
乙庚甲乙 无心亲
乙庚戊壬 岀挈
丁庚子乙 旭王
丁甲己庚 无亏
己戊乙支 泥沙
己壬月己 塵土
甲戊月子 紫耶
庚甲丙壬
丙乙甲〻 投合
丙月丙辛 山外岀
壬丁己丁
壬〻庚己 多岀
戊甲乙丙 尚来
甲月戊甲頂戊 平水
甲月戊己丙 近岀盜
甲月丙巳乙壬 外渴
甲月庚月壬 心展
甲戊〻庚支 立業

同人爻

甲戊丙乙 踈深
丙甲丁丙 外友
庚戊丙甲 友亲
甲庚〻壬戊 孚冗

家人睽爻

甲戊壬乙 既元
甲丙庚〻 三六二水
甲己壬己 空孤
丙子丁甲 无靠
丙月子乙 雪霜
丙戊丙戊 飄泊
庚壬月庚 无衣
戊月子己 自支
戊乙甲丁 无根
甲丙丁甲戊 公门
甲丙乙戊庚 疋史
甲丙庚丁壬 入公
甲〻乙庚戊 禾史
甲戊〻庚〻 因人

才官動爻
庚己戊甲　夕有禾多
庚己子戊　弃考禾火
官空才動爻
甲子甲々　取禾去夕
戊庚己々　求禾火
庚乙月戊　秋烌
丁乙子々　繇烌
遯爻
甲丁子々　弃沿
丙己丙々　免民
庚戊壬支　畐海
庚己庚乙　仲連
丁壬己丙　白雪
庚々乙己　旋
困爻
甲丁戊支　柀辛
甲丁己壬　忍畐
甲己月乙　抱道
甲己甲辛　未守

庚己壬乙　楠岫
甲壬己々　奇富
甲庚壬戊　夕水禾火
戊壬庚子　秋焼
壬甲庚乙　務本
己子乙丙　仝
丙丁己丙　青闲
戊丙丁々　地仙
庚乙丁支　酉句
戊壬己丁　厭仕
甲々月甲乙　苦攀闲
甲己庚子　芣仕
甲己々子　放古
戊月庚丙　鵄五
丁月辛己　井水困火

庚子甲己　扱莉
甲庚月丙乙　魚台
丙庚戊甲　仝
戊壬己壬　弃考畐
丁乙甲庚　秋烌
己月甲數
丙庚丁丙　息几
戊々己乙　隱士
庚乙庚壬　享祖
丁戊壬子　白云
甲戊己庚　天闕
己月乙辛　桀田
己戊庚丁　田冬頁
甲月丙壬支　禹
甲々戊己々　录足

庚子壬乙　书可禾火
丙壬甲丁　商才夕水
戊甲壬丁　近布
丁月戊支　仝
丙壬戊甲　風月
戊庚甲子　安享
庚乙々壬　美守
丁庚戊乙　自在
丙々月辛　名傳
困之井爻
庚乙庚戊　各半
戊壬甲壬　仝
甲々月己々　仝
甲々甲庚々　录余

旅爻

甲丙壬丙　虫招天
甲丙壬庚　徒劳
甲辛戊壬　董延
甲子乙〻　后蒺
丙月丙子　遠身虫
丙庚丙甲　白倉
丙庚辛壬　粗倉
丙壬丁〻　异他才
丙丁壬戊　遠才火
丙子戊乙　入水出火禾少夂水
丁甲戊庚　全
丁甲壬己
丁甲丁己　江胡

恒爻

己〻丙庚　扁
己丁庚丁　吉
庚壬乙支　玄
甲壬丙壬支　呂
戊子壬甲　水師

丙〻乙壬　古相
丙月乙丙　日新
丙〻己戊　日恒
丙丁壬庚　白手火
戊月丙甲　涛
戊甲己丙　敚匐
戊丙庚丙　市禾
戊壬子支　蒺利
戊丁〻戊　若延
庚甲乙甲　外男虫
庚戊壬〻　貿
丁甲子己　非芸至當
丁丙甲己　全
乙戊丁乙　支黄
己月壬乙　杏好
庚丙庚丁　符
甲丙己子乙　丢禾入合
庚己甲壬　湖海

庚甲〻丙　蒺升
庚甲己丁　外男虫
庚丙月甲　險才火
庚戊丙戊　千里
壬丁乙子　伙才
壬己月己　全
壬己庚丙　伏火
乙〻戊支　市入半
丁月甲　外火
己〻月乙　董外火
丁戊甲庚　非愈當貫
己庚丁甲　刃士中昉
己〻子支　无憂
乙壬己丁　真人
甲壬戊丙丁　三折
乙子〻己　法
甲月辛戊丁　家修

丁壬子甲　抛
子戊己子　伙同心
甲庚甲己庚　市中
甲庚〻乙己　才火
甲庚壬〻丙　畐有
甲壬丙〻丙　才遂
甲壬丁甲丙　奇謀
甲壬丁甲己　求通
甲壬子戊子　不蒺夕夕虫
甲戊丁庚丙　門反
丙甲丙戊　駟路
丙甲丙乙　征余
甲壬戊子戊　天心
甲壬丁甲庚　下椅
己辛庚支　不謿苦
丙乙壬〻　粮尼

観爻

己庚月丙 麻衣 甲庚壬丙 希夷 甲壬丁〻丁 鳶肩

風水奐爻

丁丙乙戊 牛民 丁月乙己 杢穴 丙庚壬乙 妙穴門法

大衍爻

甲壬丁壬 先生 丁丙壬乙 星定 己〻甲乙 五行 丁戊辛甲 造化

甲月己壬 莖人 丁戊壬己 爻象 己戊巳壬 金矛 己庚月庚 点折

庚壬〻己 笔 庚壬丁己 璣

河圖

戊戊戊丙 筆下 庚甲庚戊 画工 丙甲辛戊 俥真

需爻

甲戊甲壬辛 針 乙子乙辛 眉 己戊〻庚 扮古 丁丙〻辛 吏唤

戊丁庚丁 尺 丁壬丙〻 磬 己戊庚己 梨園 丙丁子庚 有主

戊丁丙辛 錦 乙丁戊子 披 庚戊〻庚 假元

蹇之明夷爻

丙丁壬甲 流囚 庚壬庚丙 軍 庚壬月庚 孤 己庚辛丁 乞

丁子月己 充悔 丁戊丙爻 充 丁壬乙〻 飄泊 甲戊丙〻 厨

否爻

甲丙〻戊甲 九流 甲戊壬子己 付東流 甲庚戊子壬 才不欠 辛己壬戊 建花

丁戊丙乙 仝右 甲戊壬子戊 一棍金 戊己戊甲 鯤〻 丁月戊壬 千金旺

益爻藝

壬戊庚〻
丙乙庚戊
才官大動爻
丁丙壬壬
丁丙丁丙
丁丙辛甲
丁戊甲乙
丁戊〻乙
丁戊乙丙
丁庚月甲
丁庚甲丁
官空才丰爻
丁月壬丙
丁月乙庚
丁甲壬甲
丁甲丁丙
丁甲己〻
丁甲辛丙
丁丙甲辛

戊丙己戊
庚乙丙甲
初動爻
甲辛丙〻
甲己戊爻
甲子戊子
戊巳月辛
戊己丙己
丁庚己丁
乙月庚戊
己乙〻乙
才動通爻
甲壬〻己甲
甲壬丙月乙
甲壬丙甲己
甲壬丙戊丁
甲辛月乙
甲辛甲己
辛〻戊己 中動

丁月壬乙
丁甲子壬
中動爻
甲乙戊壬
甲乙子壬
甲乙丁丁 中白動
甲丁月乙 中央火
甲丁乙甲
甲子丙丁
丙壬己庚
丙乙〻戊
丙乙子庚
戊月甲子
戊丁壬壬
庚丙辛丁
庚〻戊甲
丁丙甲庚 壯大有
丁庚壬支 早破
丁戊丙〻 杲遂

乙子甲丁 夕
終動爻
甲丙己戊
甲乙戊己
甲丁丙庚
甲丁〻庚 辛動
丙己壬丙
戊月甲庚 董動
戊丁〻壬 戊甲庚子 民畢 水犀
庚甲壬支 季甲丙 木艮甲 列耳
己庚丁支
乙庚己辛
乙丁己支
丁月乙甲
丁乙丙壬 熾
己戊甲己
己甲月庚
己子庚乙
孖壬子丁

豐爻

辛丙壬〻　大畐虫
甲壬丙乙　畐虫
壬己丙戊　比石
壬丙戊丙　比朱
戊月乙庚　比石
戊月丁己　万頃
戊乙子〻　建鳥
丙戊壬壬　地仙
庚月庚子　阡百
甲子乙己　比朱
戊己月己　千紅
丙壬庚丙　順畐
甲己丙　坐享
戊丙〻戊　鄉畐
戊〻月乙　枚炕
戊丙乙戊　半畐
丁壬甲辛　无夕畐
甲己丙　无夕畐
壬戊庚乙　不名畐

初靜爻

甲壬月戊　无平
甲戊〻子　凤捲
甲乙己〻　辛无功
甲壬乙乙　平安
甲丁丙己　不通
甲壬月庚　无平
丙庚子丙　有世無
丙庚丙壬　飄蕩
丙乙月乙　春去
丙丁月壬　西東
庚辛〻庚　跟成
丁戊丁丙　丞大耗
丁己丙庚　早破
丁月乙壬　早淹〻
辛丙月己　半諳

初靜中動爻

丙子丁乙
丙子乙甲
丙子月子

中靜爻

丁甲月乙
丁月丁支
甲乙乙壬
甲乙乙戊
庚丁月子
乙壬丁壬
丁乙丙甲　兑火

初動中靜爻

丙己乙丙
丙〻辛戊
丙辛庚乙

初動終靜爻

丁壬庚乙
丁〻月辛
戊己甲庚

初終靜終動爻

己庚子乙
己甲月戊

終靜爻

甲戊乙辛
戊子庚丙
丁壬甲乙
丁〻月辛
辛丙〻壬

初中動爻

庚丁子乙
己丁子子
壬甲丁己
壬甲辛丁

初動中平爻

丙丁〻丁
丙子庚壬
丙子月戊

初中終動爻

甲辛丁戊
戊月庚支
乙甲月丙

晉豐爻

壬甲丁丙 代兄
壬〃戊辛 与扁
壬〃月庚 丰功
庚月子乙 方名
己丙壬乙 詩出
丁乙壬戊 詩礼
戊乙戊〃 生畐
己丙丁戊 比門
庚丙甲〃 旧族
己庚月子 畐虫
庚戊乙丁 浍声
子丙丁支 陈畐虫
甲辛己乙 濟〃
甲己子〃 日边
甲丙壬己丁 方名
甲丙己丙丁 不朽
壬庚丁戊 瑣
壬己丁戊 詰
甲戊丁戊丁 中貞

不動不靜爻

丙庚壬甲
丁月乙戊
乙辛〃甲
戊旬動爻
己戊丙己
庚乙戊乙
甲庚己丁
甲己丙壬
庚乙子己
庚乙丙〃
庚壬丁庚
乙丙子己
辛〃庚己
庚旬動爻
己庚月戊
甲辛丙己
庚乙月己
己甲丁丁 壬旬
己丙甲乙 壬旬

靜爻

丙庚己甲 去来
己丁壬戊
丙戊壬戊 駟馬
初動中靜終動爻
甲子庚戊
丙辛〃支
壬乙丙支
己庚壬支
庚乙庚己
丙壬子〃
辛動爻
丙月丁庚
丙己月丁 白動
戊甲子戊
戊丙戊子
戊甲乙甲
壬月甲支
壬丙月子
壬己丁子

丙旬動爻

辛丙戊壬
辛戊丁支
乙己戊庚
否泰旬動爻
丁月己丙 戊動
甲子乙戊 中動
丁甲月丙 庚動
丁甲丙子 壬動
甲庚〃壬己 旧秦
甲壬乙壬丙 先苦
辛靜爻
甲戊乙子 辛
甲丁戊〃
甲丙壬庚 啬靜
甲丙月己
甲庚壬己
戊己甲辛 辛
庚丙辛壬
庚丁戊甲 辛重

恒爻 守
甲丙甲丙 保且丰
壬丁月乙 守双后
壬丙戊庚 守后灶
盆爻 恒
己辛戊己 光大
庚甲庚己 振敌
己々戊壬丁
戊丙子己 守曾
丁月々戊 光裕
壬々辛甲 灰宏
丙丁壬子 曾大
乙戊己丁 廣光業
庚丁々庚 業迹
庚丁々辛 庫地
离爻
丙庚丙庚 另豪
丁丙丁支 离成冢
甲々丁庚己 者且成
甲壬戊壬甲 异禧

才動肖爻
甲乙庚巳 丑寅
甲丁庚戊 午亥
庚々己辛 子辰
庚壬月甲 己午
庚壬戊乙 酉申
庚壬己甲 亥卯
庚乙月甲 辛未戌
白動自全爻
丙庚丁戊 自全頭
丙戊庚乙 无且成冢
丙戊壬乙 白全奇
丙月壬甲 敌后
丙戊己丁 晚奇
丙庚壬 且耗全
戊々丁支 无且全
戊々月丁 白全
壬戊壬庚 時全
壬丁乙壬 全田
甲月壬己庚 陶管

无且白動爻
戊丙壬甲 白成
庚々月庚 另全
甲戊乙戊丙 白成
甲戊丁々乙 業喜
甲庚丁甲辛 凋全
甲辛甲丁 自全
甲壬月壬乙 微自全
甲壬丙子支 凋全移
甲戊々壬庚 消自全
白動爻
庚己庚戊 辛
戊壬甲戊 禺虫
戊壬々丁 禺虫
戊壬辛庚 虫助
戊壬月疋 带虫
遊魂爻
己乙壬己 不啻需
甲戊月庚 非吏需

无且爻
甲壬甲戊甲 光消
甲壬戊乙々 火灰
甲壬戊丙子 半亩
甲壬甲子丙 日耗
丙壬丙々 蒿丙月丙々 天悲 皮家
庚戊庚々 苦奔灵
己乙月戊 剥極
甲月戊丁 命乖
庚丙己庚 誰怜
庚丁己壬 万事空
壬子甲庚 秋灵
壬辛々乙 效風
己甲戊丙 貧苦
丙壬々子 奔馳
丁戊丁丙 大家早耗
丙乙壬丁 財毛尽
丙壬々子 泛々
丙辛月丙 难度日
甲丙月己 庇难辛

田宅爻

甲壬己庚 全余
甲丁子壬 才裕
丙甲月壬 田艮昌
戊乙月乙 乇亲田曠
戊乙已已 且淦光
庚已戊丙 仆馬
丁庚已乙 詩礼
乙壬月乙 全田夏
丁月ミ丁 田黄谷后
丁壬已壬 田誰涛
己戊月壬 田恒出貼
己甲庚己 田多艮多昌

田造宮

壬乙辛丙 乇亲田豆
丙庚甲己 田黄乇亲
甲己丁庚 阡陌成承
戊己ミ甲 乇亲
戊已丙乙 田黄宅亲
戊子甲支 夏亲
丁壬月壬 拓光
庚甲壬丙 直田夏合
戊辛丙乙 貼田亘
戊庚月己 合谷后

大有末爻

戊庚乙己 勤足
戊庚戊甲 董俭足
戊庚已丁 苦足
庚ミ已壬 才足樂
庚月戊壬 诚足
庚壬月辛 一生足
庚丁月戊 无患
庚壬乙丁 全上
庚乙庚丁 享余不富
庚丙月己 踪昌永富
壬月戊丁 足后又昌
乙甲ミ乙 才余足
乙月甲丁 上下接
丁戊壬庚 料实足
丁月戊甲 温绝
丁甲ミ丁 灶鬼
甲己壬丙 壬金禾豪
丙已庚甲 外不足
辛壬丙甲 田黄艮昌
甲壬戊丁丁 且少安保
甲庚戊子丁 先水后水

才動數爻

壬戊ミ已 百余
壬庚月丁 全娄百
丙子已ミ 不盈千
丙壬庚戊 全娄千
丙月丙支 禾足似富
壬庚辛乙 晚全娄百
乙甲已甲 董俭富千
壬庚戊支 晚大業
壬乙壬ミ 壯業千
壬乙丁乙 晚業千
丙乙甲庚 岁千
丙壬甲丙 全千余
甲ミ壬丙已 勤娄百
甲月乙丙壬 有千
甲月乙庚乙 千鍾
甲月乙丁支 千艮吴

丙庚戊丙 娄千全
庚丁月甲 小家興隆
師合納
甲戊庚己庚 金木水火
甲丙〻子戊 水火屯
甲〻乙丁甲 金木屯
名走卦
甲戊己丙丁 水
甲戊己戊甲 火
甲戌乙〻丙 走夕
甲戊乙丁庚 重名
甲戊子丁甲 戊名
甲戊子壬甲 戊名
甲戊壬月丁 系冬
師合走卦
甲月丁戊支 庚
甲月丁庚支 壬
甲〻丁戊乙 丁
甲〻丁壬戊 己

子乙丙丁 奇全千
己丙月乙 基微堇畐
刀入空爻
丙丁丙甲
丙己戊己
丙丁辛乙
丁己甲戊
辛甲子甲
中入空爻
辛丙戊甲
庚子己丙
壬丙甲己
己乙甲乙
壬甲乙壬
壬丙戊己
戊丁庚壬
壬丙月己
丁乙戊甲
辛丙甲〻 根毛散
己月丙己 月良出

辛戊〻子 奇全万
丁戊庚戊 几亩田
冬入空爻
丙月庚甲
丙戊〻辛
丙壬子己
庚丙子甲
庚子乙戊
文入空爻
壬戊庚支
壬戊乙丙
壬〻丁乙
壬乙甲戊
壬乙壬己
壬丁月甲
順爻
乙月甲支
火曾爻
乙戊丁丁
乙丙〻甲

乙甲丙戊 万头
空爻
巳戊壬甲 白云
己丙子丙 菩是
己丁月足 禅心
己庚丁子 书味
己戊壬支 青争
己月戊〻 風月
己丁乙甲
己戊壬丙
己乙戊甲 破納
乙甲庚壬 持丕
甲庚戊丙
丙〻庚壬
壬月〻戊
甲〻乙〻甲
还谷爻
壬庚乙戊
子甲丁甲
己壬乙壬

師屬省

甲戊乙丙甲　子
甲戊乙戊庚　丑
甲戊子月丙　寅
甲戊子月己　卯
甲戊子月壬　辰
甲戊庚丙〻　巳
甲戊庚戊〻　午
甲〻壬丁甲　未
甲〻乙月庚　申
甲戊〻庚丙　酉
甲戊〻壬庚　戌
甲丙乙壬戊　亥

曾戒爻

乙庚丙甲　工人
乙月丙己　三戒
乙月庚己　如来
乙月壬己　守戒
乙月己庚
丙月乙壬

文曾爻

甲月庚〻
甲月壬子
甲〻己子
甲月丁子
乙〻庚壬

曾說爻

甲〻甲月丁
甲〻甲乙甲
甲〻甲庚辛
甲〻丙庚乙
甲〻丙乙丁
甲〻丙甲乙
丁庚壬丙

遊曾爻

庚乙丁壬
壬丁月壬
壬丁壬爻
戊壬丁子
己庚甲乙

貴人尊爻

丁庚己丁
丙月壬丁
丙甲月子
丙甲戊子
丙〻己〻
丙戊己子
庚己戊壬

貴人扶爻

庚丙〻庚
庚甲戊子

貴人空爻

庚月丙戊
庚月戊壬
庚月丁丁
庚月子戊
庚甲己子
庚甲己爻

曾官爻

丁辛戊壬
甲丙乙〻爻

老火爻

己壬甲乙
己壬庚爻
己壬丁甲

文否爻

丁〻子己
丁戊庚子

田舍爻

乙壬乙壬
乙〻乙子
甲月丙乙戊
甲月丙己戊
甲月丙子戊
甲月丙甲戊
甲月戊〻戊
甲月戊壬戊

走送冬爻

丁壬丁乙 甲
丁庚丁〻 甲
丁壬丁戊 难尽
庚〻甲丁 丙
丁乙庚己 戊
丁壬己甲 戊
丁辛月丙 庚
丁甲壬支 壬
乙壬月庚 乙
乙壬庚子 乙
丁〻子丁 丁
甲戊壬月甲 走孫冬
○壬庚甲丁 戊

曾桼爻

甲〻丙戊丁 炎至
辛丁乙戊
辛甲乙辛
辛月丙己
辛月乙甲
辛月子甲

白動爻

甲〻戊丙庚 戊
甲〻壬乙〻 庚
丁壬甲壬 中
丁壬戊己 中
甲〻子甲乙 意入空

入空桼支

甲戊月戊甲 刑重入
甲戊甲壬丙 孤入空
甲戊丙甲庚 日良入空
甲戊丙戊甲 凡入
甲戊〻丙〻 己入
甲戊己丙支 專木即入
甲丙乙壬乙 丢木入
甲丙子〻乙 仝
甲戊子甲丙 己入甲嫁
甲戊丙甲〻 己入木家
甲戊丙月己 入空孤
甲〻己子乙 早宙晚入空
甲壬戊乙子 刀多災祟

甲戊子甲庚 ＼ 家修
甲戊甲庚丙 ＼ 官入空
甲戊甲壬庚 ＼ 戊师
甲戊壬月丙 ＼ 走耗
甲戊〻丁丁 ＼ 山空入元
甲戊〻丙庚 ＼ 閻圍
甲戊丙月壬 ＼ 出屯月
甲戊甲庚甲 ＼ 入空又醫
甲戊月戊丙 ＼ 豸禅
甲戊庚甲壬 ＼ 入空
甲〻乙戊庚 ＼ 兵走
甲戊庚月庚 ＼ 得失
甲庚丙〻己 ＼

单岁灾爻

甲丙甲〻丙 子 甲丙甲丙〻 丑 甲丙甲戌丙 寅 甲丙甲庚丙 卯
甲丙甲壬丙 辰 甲丙甲乙丙 己 甲丙己丁丙 午 甲丙甲己丙 未
甲丙甲子丙 申 甲丙〻月丙 酉 甲丙〻甲丙 戌 甲丙〻丙〻 亥

否鶩爻

甲庚戊己 庚甲庚壬 庚壬子壬 甲戊壬丙

将動阽延爻

甲丙乙戊 甲丙子戊〻 甲庚乙壬 子庚丙甲
戊己子丁 甲丙壬〻丁 甲丙己子戊 戊子〻壬

越刼后火爻

吉解爻

丙壬戊丁 乙己壬丙 乙己丁戊 甲己子壬
甲壬甲壬 乙己丁壬 庚戊月丙 甲丙己壬
庚己丁丙 甲戊子甲 乙己丙丁 甲丙子己
乙己庚甲 乙己丙庚 乙己乙子 甲庚丙庚
乙己〻庚 乙己壬乙 乙子甲壬 庚戊丁庚
子庚甲 乙己月己

加旬爻

壬己壬乙 甲旬 壬己丁壬 丙旬 壬己子支 戊旬 壬子月戊 庚旬
壬子〻甲戊 壬旬

交旬灾支

壬戊壬甲 甲旬炎
壬庚乙庚 壬
双度災支
壬〻丙子 子丑連災
壬乙乙甲 辰巳
壬丁戊丁 申酉
越閔冲延支
甲月甲丁戊 戊旬閔
越旬后火支
甲己戊丁 越甲旬
乙丁己丁 寅午戌
欠利月支
乙己甲〻
天定支
甲〻月丁子 紫
分旬屯支
子己月己 甲旬屯
子己庚乙 壬
子己〻乙 庚
子〻丙乙 己

壬戊子甲 丙
壬庚丁庚 乙
甲戊丙戊己 流犯火
壬〻戊丁 丑寅
壬乙己支 巳午
壬丁〻丁 酉戌
甲戊庚壬戊 庚
甲己壬乙 丙
乙丁子乙 亥卯未
乙己丙〻 丙月欠
甲戊〻月甲 少多亍
丁己戊丙 通
子己甲乙 丙
子己壬乙 乙
子己子乙 壬
子〻戊乙 子

壬庚戊丁 戊
戊庚子支 丁
壬乙月庚 寅卯
壬乙子丙 午未
壬丁子〻 戌亥
甲戊丙戊丙 壬
甲己〻甲 戊
乙己月甲 巳酉丑
乙己庚支 甲月欠
甲戊〻丙甲 多亍
丁己庚甲 生屯
子己丙乙 戊
子己乙〻 定丙旬屯
子〻月乙 乙
子〻庚乙 癸

壬庚〻丙 庚
戊壬甲子 己
壬乙戊支 卯辰
壬丁丙甲 未申
壬己甲丁 亥子
甲丙壬甲丙 乙
甲子丙己 庚
乙己月丁 申子辰
甲庚丙〻丁 得
子己戊乙 庚
子己丁乙 戊
子〻甲乙 丁
子〻壬乙 癸外

旬余屯爻
戊庚丁乙　丙余
戊乙庚甲　壬
壬余屯爻
甲丙戊丙庚　未壬
乙余屯爻
庚丁戊壬
己丙庚〻　乙庚
甲庚戊甲壬　乙丙
丁余屯爻
甲戊〻爻　丁
庚丙子乙
己余屯爻
乙〻庚甲　爻
辛余屯爻
子〻乙乙
酉余屯爻
子〻庚乙
自屯肖爻
丁甲丁〻　子

壬甲乙丁　戊
甲丙丁子　壬甲
戊壬〻壬　壬丁
庚戊丁子　乙丁
甲丙〻庚壬
甲丙〻丙乙　乙巳
乙〻甲戊
甲丙〻戊壬　丁丙
乙〻乙壬　己甲
子〻壬乙　百余
丁甲月戊　丑

戊壬己丙　庚
甲庚月甲子　壬〻
丁丙壬乙　乙屯生
庚〻丙子
甲月丙〻戊　乙〻
戊壬庚壬　乙辛
戊乙丙子　丁〻
乙〻壬〻　爻
甲庚月乙庚
壬甲〻甲　寅

乙月乙戊　庚
甲庚月壬　壬乙
子丙子乙　乙屯
丙己丁丙　乙戊
甲戊丁丁壬　乙〻
乙丁甲戊　吉希
甲丙戊甲庚
甲戊壬月壬
甲戊壬月辛
壬〻丙〻　卯

己月丙庚 辰
壬乙〻乙 申
屯爻
子戊庚支
己戊壬甲
己〻己丁
非屯爻
己丁子庚 非
戊乙丁壬 舟
丁己丁子 厥
甲丙月戊支 寒
甲丙甲丙支 鬱
甲丙壬〻丙 刑
月屯爻
甲乙月壬 申
丙〻丙壬 壬
壬丁子乙 辛
季屯爻
壬戊庚丙 春
甲丙壬支 先冬
甲丁月足 止

己〻甲壬 己
壬〻乙丁 酉
子丁甲丁
己乙子甲
甲戊甲〻戊
乙戊〻乙 寧蠱
甲己戊丙 毒
戊乙〻子 雷
乙己丙己 虎
甲丙〻子壬 暑
甲丙甲壬子 劳
甲庚丁〻丁 毘水屯
戊己子〻 丙
壬庚壬戊 乙
壬己乙己 癸
壬子甲子 憂
甲丙乙支 先

己壬己壬 午
丁庚乙戊 戌
丙甲丁乙
己丁壬乙
甲戊甲〻子
甲戊庚〻乙 熱
戊乙戊子 索
甲丙月〻己 厲
甲丙月庚支 丙易
甲丙己〻支 雪
丙〻丁戊 急陰
甲子己甲 戊
丙甲壬庚 丁
庚己丙戊 甲
壬子庚壬 秋
甲戊〻壬 后

己壬甲壬 未
丁〻乙壬 亥
甲戊甲壬〻
甲戊甲壬己
戊己丁〻 叔
庚月丙子 双
戊己丙〻 溺
甲丙月甲子 疼
甲丙月己丙 外感
甲丙〻乙支 内府
戊乙庚己 粮
壬乙己〻 庚
丙甲〻乙 己
戊丁庚丙 丙
壬子〻子 冬
甲丁乙己 后

甲運

己戊甲壬　火
己丁辛丙　火
己月丙甲　火
甲〻月庚　教艮
己辛月壬　水
己子丙甲　水
己子戊丙　水
己子庚辛　水
甲戊甲丙乙　水
甲戊甲丙子　水
乙甲乙支　水
乙甲乙子　火
甲〻月壬子　艮火
甲庚丁月壬　火
乙丙月甲　火

戊運

子月甲壬　火
戊月子庚　官火
甲〻月子支　業火

乙運

甲戊甲月丙　土
己辛己乙　水
己辛乙支　水
己甲戊甲　水
己甲壬甲　水
甲戊甲戊〻　水
甲戊甲丙支　水
丙月庚支　寘
丙月壬丙　火
乙甲〻甲　火
乙甲丙甲　秋
乙甲庚支　火

己運

子月丙支　火
戊月子壬　火
己甲〻支　水
己丁丙子　水
己丁月乙　水
甲戊甲丁乙　水

丙運

己〻乙丁　火
己丙乙支　火
甲戊〻丙壬　火
甲戊甲月辛　火
甲戊月丁己　土
己乙月足　水
己〻甲〻　水
甲戊甲〻辛　水
甲戊月子己　水
甲庚〻丙支　土
甲月壬庚　水
子甲庚壬　火
甲庚壬乙壬　火

庚運

己丁乙己　火
己丁〻庚　火
甲戊丁丙〻　火
甲戊月丁壬　火
己丁丙〻　火

丁運

己〻巳子　水
己〻己甲　水
甲戊甲月乙　水
甲戊甲丁〻　水
甲庚丙庚子　火
甲庚戊〻支　火
甲庚〻庚支　火
丙月子丁　土
甲庚丙己丁　水
甲庚戊丙甲　水

辛運

甲戊甲乙己　火
甲戊甲己己　秋火
甲戊甲庚己　土
乙月己壬　土
己丁壬戊　水
己月丁庚　水
甲戊甲己戊　水
甲戊甲丙壬　水

戊運
己甲乙庚　戊火
己甲戊支　戊火
甲戊甲乙支　火
甲戊甲乙壬　火
己〻戊支　水
己丁丙甲　水
甲戊甲庚子　水
甲戊甲壬甲　水
甲庚戊丙己　火
甲〻月丁己　水
甲〻月子〻　火
癸運
己月甲丙　才
己月丙丁　火
己月庚支　水
甲〻月丁〻　官土
甲〻月乙己土　癸水
甲戊甲丙〻胃
己丙月庚　癸水
甲戊甲丙己　癸土

己運
甲戊甲壬戊　否己水
癸運
甲庚甲乙甲　火
甲庚壬乙支　火
甲庚〻丙丁　火
甲庚〻庚甲　火
辛甲丁辛　火
辛甲壬己　官
辛甲壬乙　名
子甲庚甲　火
甲庚己〻乙　水
乙丙庚甲　水
子月乙支　水
子月乙子　堂
辛甲己甲　水
戊甲丙壬　水
丙月甲子　火
辛甲子子　土
辛月丁甲　水
子甲戊壬　水

庚
己丁甲乙　庚水
甲庚丙〻月　庚土
甲庚戊丙子　火
丙月丁丁　土
壬
丙月〻丙　才
庚月甲〻　土
丙月己戊　土皮
乙甲子庚土　水
丙月丁乙　水
丙甲〻甲　水
丙甲壬甲　水
丙〻甲己
甲月辛月庚　業
甲月子月丁　水
甲〻月己子　土
辛月丁己　水
己甲〻甲　水
己壬〻庚　水
丙月丙戊　業

辛
甲庚己丙甲　辛火
甲庚己甲支　辛火
甲庚己丁甲　火
戊甲〻支　火
戊甲〻丙　火
乙甲月己　土才火
壬運
庚月丁甲
己月戊支
己月戊壬
己月戊丁
甲月辛甲支　業
甲月辛甲壬　根
己壬〻庚
己月壬子
甲戊壬戊
甲戊月丁乙
甲戊甲壬支　土
甲戊月壬〻　土
甲庚〻月子　土

五方運動爻

丁子月戊 東
丁己子戊 中

五行運動爻

壬〻甲〻 水
甲壬月丙 水
丁甲壬庚 木(乙甲)

天運漸半爻

甲月丙壬子 甲
甲月戊庚爻 壬
甲月庚丙爻 辛

天運半宮

甲〻丁庚甲 甲
甲〻丙乙庚 戊
甲〻戊〻甲 壬

地運半宮

甲月〻月戊 子
甲月〻庚戊 辰
甲月〻己戊 申

天運火爻

丁子丙壬 西

丁丙戊丁 水
甲丁庚〻 金
甲己月庚 杜

甲月丙乙爻 丙
甲月戊丁子 乙
甲月庚〻爻 癸

甲〻甲子庚 乙
甲〻丙己庚 己
甲壬乙甲爻 癸

甲月〻甲戊 丑
甲月〻壬戊 巳
甲月〻子戊 酉

丁戊庚戊 南

甲丙戊巳 水
丁己丙己 金
丁甲己丙 土

甲月丙子〻 戊
甲月戊子〻 丁

甲〻戊丙乙 寅
甲〻戊丙爻

甲月〻丙戊 寅
甲月〻乙戊 午
甲月甲月戊 戊

丁子乙戊 北

丁月子庚 火
丁甲戊壬 金
甲己庚乙 土

甲月戊足〻 庚
甲月庚月足 己

甲〻丙壬乙 丁
甲〻戊乙甲 辛

甲月〻戊〻 卯
甲月〻丁戊 未
甲月甲〻戊 亥

甲戊月〻甲　甲
甲丙乙甲乙　壬
甲〻乙壬乙　辛
地運火宮
甲戊乙月丁　子
甲戊丙戊子　辰
甲戊丁甲戊　申
天運土宮
甲戊乙壬甲　申
甲戊丙子丙　壬
甲戊丙子戊　辛
地運土宮
甲戊丁乙甲　子
甲戊丁己丙　辰
甲戊巳月庚　申
天運水宮
甲戊丙壬丙　甲
壬
甲戊庚壬庚　辛
地運水宮

甲戊月庚戊　丙
甲戊月乙支　乙
甲月己丙壬　癸
甲戊乙甲庚　丑
甲戊子己戊　己
甲戊子壬戊　酉
甲月庚壬支　丙
甲戊月甲戊　乙
甲戊丙庚丙　癸
甲戊丁〻庚　丑
甲戊丁子庚　己
甲戊己甲子　酉
甲丙戊子支　丙
甲戊丙月丙　乙
甲戊乙月庚　癸

甲丙庚乙丙　戊
甲戊壬〻甲　丁
甲戊壬〻己　甲
甲月庚月廷　寅
甲戊子〻子　午
甲月乙月己　戊
甲戊乙巳支　戊
甲月己丁丙　丁
甲戊子庚〻　寅
甲戊壬丙庚　午
甲戊月乙　戊
甲戊甲月庚　戊
甲戊庚〻戊　丁

甲丙戊月壬．庚
甲戊丙己丙　未己
甲戊壬乙丙　甲
甲戊丁丙〻　卯
甲戊子丁戊　未
甲戊丁庚〻　亥
甲戊乙子壬　庚
甲月丁乙丙　己
甲戊子庚乙　卯
甲戊壬戊壬　非未
甲戊月甲壬　亥
甲戊甲〻庚
甲戊庚〻甲

甲戊月丙甲 子
甲戊月乙己 辰
甲々乙甲壬 申
天運石交
甲月々月己 申
甲月々庚己 戌
甲月々己々 壬
地運石交
甲月甲月己 子
甲月甲庚己 辰
甲月甲己々 申
甲宮
甲月々丙 秋火
甲己戊丁 根水
乙交
甲月甲乙 秋火
甲子々戊 水
甲々丙支 火
丙爻
丙月々足 火

甲々子丙庚 丑
甲々丁戊庚 己
甲戊壬己甲 酉
甲月々甲己 乙
甲月々壬己 巳
甲月々子己 癸
甲月甲々己 丑
甲月甲壬己 己
甲月甲子己 酉
甲月甲壬 火
甲子壬甲 火
甲戊壬乙戊 火
甲戊壬丁壬 火
甲戊子丁己 火
戊丁戊庚 火

甲々丁々丁 寅
甲戊月丁戊 午
甲戊月々乙 戌
甲月々丙己 丙
甲月々乙己 庚
甲月甲丙己 寅
甲月甲乙己 午
甲月丙月己 戌
甲月庚丙 火
甲子丁甲 水
甲子丁壬 火
甲子己子 水
甲子己子 水
戊子庚戊 火

甲戊月戊々 ・卯
甲戊月乙庚 未
甲戊己丙庚 亥
甲月々戊己 丁
甲月月丁己 辛
甲月甲戊己 卯
甲月甲丁己 未
甲月丙甲己 亥
甲己月甲 平
戊月丙々 火
甲子己支 土
甲月甲々 夕
甲月子丙 平

甲子〻丙 水
丁 爻
子乙丙支 夕火
丙子〻甲 水
戊 爻
戊己甲〻 火
己 爻
甲月月戊 秘火
甲〻子戊〻 己
庚 爻
甲子己庚 夕火
甲庚甲丙甲
辛 爻
甲子己〻 禾火
甲戊丁戊己 火
壬 爻
子壬丁子 夕火
癸 爻
戊子庚己 夕水
子 爻

子〻子己 水
甲月〻壬 火
甲〻戊甲 乇水
甲庚丁己戊 火
甲月甲己 平
甲丙月丁支
甲子壬己 火秘
甲月壬己 乇
子子子甲 水
戊子戊庚 水
戊子己乙 水

戊丁子丁 火
戊己月〻 火
戊己乙壬 水
甲月壬甲 平
戊子〻戊 土
甲庚戊丙子 火
甲〻丙〻 乇水
甲〻戊〻 乇水
戊子己〻 乇水

甲戊壬丁子 火
甲戊乙〻己 火
戊子〻甲 水
甲庚戊甲己 火
甲壬己庚丁 水
甲庚甲庚丁
甲戊丁甲壬
甲庚〻子
甲戊丁壬庚
甲庚〻庚甲

子丙〻己 火
子庚甲丙 火
壬丙乙支 火
壬庚甲〻 火
子丙戊子 土
子壬月延 土
壬月甲壬 水
壬月己〻 冲
子丙丁己 水
壬甲壬丙 土
壬〻月乙 火
甲月乙戊壬 吉艮水水
丑亥
丙戊丙己 火
丙戊丁戊 火
乙戊丙丁 火
乙戊己支 火才
丙〻子庚 土志昌
乙丙丁庚 土
丙〻子丙 火

子庚月丙 火
子庚子甲 夕火
壬月子甲 禾火
壬庚壬支 土火
子丙乙甲 土
子壬戊甲 土
壬月丙己 水
壬戊甲庚 开水
子丙子〻 水
壬庚乙支 始开火
子壬子丙 始火
丙〻子乙 木火
丙庚丙甲 火
乙戊〻己 火
乙戊子己 火
丙戊甲支 吉土
丙〻戊〻 水
丙戊子戊 水

子庚戊甲 火
壬甲戊甲 火
壬丙戊甲 火
子甲子丁 土
子戊子支 土
子壬乙甲 土
壬月庚丙 水
壬戊〻甲 水
子庚壬丙 水
壬庚丁〻 始冲火
甲月己戊支 火
丙戊庚丁 火
乙丙子丙 火
乙戊庚己 火
乙庚戊丁 火
丙戊〻壬 土
丙〻戊乙 水
丙庚月丁 水

子庚戊丁 火
壬丙甲丙 火
壬丙己支 火
子丙甲支 土
子庚丁己 土
壬月〻子 水
壬月丁〻 水
壬庚戊丙 水
壬月子乙 土
子壬己丙 土
甲月己戊丙 艮火
丙戊壬丁 才火
乙戊甲丙 秋火
乙戊乙丙 火
丙〻丁庚 土冲
乙丙戊子 土
丙〻庚丙 水屯
丙庚甲乙 水

乙丙壬支 水
乙庚月己 官水
乙庚壬丙 官火
乙庚壬庚 姤冲火
寅爻
庚〻丙支 火
庚〻己支 虫火
庚壬子丁 火
己丙月甲 火
己丙子庚 官火
庚乙戊甲 土
己丙丁庚 冲水
甲月己庚乙 辛火
卯爻
庚子庚子 秋火
戊壬丙戊 秋火
庚子己庚 木屯夕火土
庚子己甲 水
戊〻壬甲 冲八水
甲月己壬丙 艮火

乙丙壬丁 冲水
乙庚甲子 开水
丙庚戊庚 姤火
甲月己戊乙 辛火
庚〻戊己 虫火
庚壬戊壬 入火
己甲丙支 火
己丙戊子 甬火
己戊月丁 火
己甲月足 冲火
庚戊庚甲 屯水
甲月己庚丁 艮火
戊庚月足 木火
戊壬子丁 甬火
戊庚己支 土
戊丙戊〻 冲水
戊乙甲支 水
甲月己壬乙 夕水

乙丙乙庚 开屯水
乙庚〻乙 水
丙庚戊丁 姤火
甲乙己庚支 艮火
庚〻庚甲 火
庚壬戊支 火
己甲乙支 木火
己丙庚子 吉火
庚戊庚支 土
己月己支 冲水
庚乙壬庚 屯水
甲月己庚乙 艮少水
戊〻丁下 火
甲〻月〻庚 寿火
庚子丁丁 水
戊丙甲壬 开水
甲〻月甲支 屯水
甲庚戊〻庚 火

己丙己子 水
丙庚丙支 官火
乙庚乙己 姤冲火
甲月己庚丙 孝水
庚〻乙支 火
庚乙月足 火
己甲子戊 火
己丙己己 殊火
庚壬己支 水
己丙乙支 水
己戊丙壬 屯水
戊庚乙支 火
戊壬乙支 官火
庚子丁子 水
戊丙乙支 开水
甲月己壬支 萃水
甲庚庚丁庚 水

辰爻

丙月己甲　旺火
壬乙甲〻　夕火
丙月戊己　寿土
丙甲〻己　开土
丙月甲壬　冲水
壬丙丁甲　驚水
丙甲戊己　屯水
甲月己乙壬　艮火

巳爻

甲月庚乙　火
甲月丙丁　秋火
壬月子支　火
壬子乙甲　火
壬月子戊　火
甲月丙甲　开水
壬月〻甲　屯水
甲庚壬〻　屯水

午爻

子乙戊己　火

丙月丁子　禾火
壬乙壬乙　火土
丙月庚己　土
壬戊丙支　土
丙月子〻　开水
壬庚己甲　火水
壬乙己丙　屯水
甲月己乙　水
甲月子戊　火
甲〻戊子　火
甲〻壬庚　冲土
壬子戊丙　石土
甲月戊丙　开水
壬丙〻支　川水
壬子己壬　屯水
甲月己丁支　水
子乙庚丁　火

丙月己子　冲火
丙甲月丁　官火
丙月壬己　冲丑土
壬〻壬戊　土
壬乙甲子　水
壬庚子甲　水
壬〻月己　屯水
甲〻丙己　吉火
甲丙戊庚　夕火
壬子庚己　火
甲〻甲支　土
壬子庚〻　冲土
甲月壬戊　水
壬己丙支　水
甲月己乙　業水火
子乙庚丙　火

丙甲丙丁　火
丙月丙丁　土
丙月乙己　土
壬乙甲支　土
壬丙壬甲　水
壬〻丙支　水
甲月己乙支　業水
甲〻〻戊　姤火
甲〻庚丁　官火
壬子壬丁　官火
壬月甲〻　土
壬己甲丁　土
甲丙甲子　开水
甲丙己乙　屯水
甲月己乙　艮火
子乙〻子　火

辛乙丙丁 官火
壬乙甲乙 火
辛壬子子 土
子壬甲丁 寡水
甲月丁乙支 火

未爻

丙庚乙庚 秘文
乙壬戊乙 火
乙〻戊庚 火
丙庚丁己 中火
丙庚丁戊 水
丁子丙丁 石水
乙〻子〻 屯水

申爻

庚丁乙甲 火
庚乙子乙 火
己壬〻乙 火
己乙丙壬 夕火
庚乙壬丁 水
己庚壬子 冲水

壬〻子丙 火
壬乙戊庚 秋火
子乙甲丙 土
壬〻壬子 冲水
甲月丁己壬 艮火
丙庚己子 火
乙壬子庚 火
乙〻庚丁 火
丙壬甲戊 土
乙壬甲己 水
丙庚丁甲 水
甲月丁〻支 業火
庚己甲〻 夕火
己戊〻子 开土
己壬己庚 火
己丙己戊 秋火
庚乙子戊 水
己庚丁己 冲水

壬乙月延 火
壬乙庚乙 官火
壬乙壬丁 土
甲月甲乙己 少水
子乙丙甲 水
丙壬丙丁 夕火
乙〻甲壬 火
乙〻丁丁 火
丙庚〻子 水
乙壬乙戊 屯水
丙庚丁丁 屯水
甲月丁〻乙 艮火
庚丁戊丁 未火
己庚子己 甬火
己乙月己 秋火
庚丁庚甲 土
庚丁月壬 水
己庚己庚 开水

壬乙丙戊 火
壬〻戊〻 冲土
子壬甲子 烟火
壬〻丁己 水
乙壬月壬 火
乙〻丙乙 火
乙〻己子 火
丙庚壬丁 水
乙壬丁己 水
丙壬乙戊 水
甲月丁己支 水
庚丁壬乙 火
己壬月戊 光火
己乙甲丁 忠火
庚丁丙支 土
己庚月延 开水
己庚戊子 冲屯水

庚乙壬甲　屯水
甲月乙子壬　少水
酉爻
甲〻月丙丁　火
甲月甲丁　夕火
戊丁乙子　妥火
戊丁戊支　土
戊乙丙甲　冲土
戊己己支　水
甲月己甲支　業火
戌爻
丙〻乙丙　火
丙甲己支　火
壬己丙甲　官火
壬丁丙乙　土
壬己丙丁　土
丙〻戊辛　水
壬丁〻戊　水
甲月丁子乙　業火
亥爻

己乙庚丁　屯水
己庚丁丙　土
甲〻月丙己　火
戊丁月延　火
甲〻月壬支　官火
戊丁戊壬　土
戊乙壬支　冲土
戊丁〻乙　屯水
甲月己甲乙　良火
丙〻辛丁　和火
丙〻壬庚　冲火
丙甲丁支　开土
壬丁戊子　土
丙甲壬己　冲屯水
壬丁丙庚　車水
壬丁子壬　水
甲月己足〻　良火

甲月丁己乙　業火
甲〻月戊丙　火
戊丁丙〻　火
戊丁壬己　官火
甲〻月庚支　土
甲〻月壬甲　水
戊乙丁支　屯水
甲月己甲己　少水
丙戊丙乙　冲火
壬丁子丁　禾火
丙〻丙子　开土
壬己月戊　土
丙〻月己　冲屯水
壬丁戊〻　水
丙戊〻丙　屯水
甲月己月壬　少水

甲月丁子支　良火
甲〻月壬己　火
戊丁庚〻　和火
甲〻月丙甲　土
甲〻月庚甲　土
戊乙〻庚支　水
甲〻月壬丁　屯水
甲庚己〻月　水
丙戊月乙　官火
壬己月丙　火
丙〻丁子　土
壬己甲丙　土
丙〻甲壬　开水
壬丁壬子　水
壬己庚丁　屯水

甲乙壬甲　甬火
壬子己戊　火
辛丙庚支　夕火
壬子丁支　土
甲庚甲庚　水
壬子丙丁　水
甲月己丙己　少水

甲乙丁丙　火
壬辛己乙　火
甲丁丙甲　官火
壬子丙乙　土
甲庚壬庚　水
甲己丙甲　屯水
庚甲壬丁　火

甲丁月子　秋火
壬子〃支　平火
辛甲戊甲　官火
甲戊己支　冲水
甲壬乙支　水
子戊庚支　屯水
己月〃丁　火

壬子〃庚　禾火
甲月己丙〃　艮火
甲乙丙支　土
甲庚月足　水
壬辛乙庚　水
甲月己丙支　業火
己月甲戊　業

正印支

庚月甲乙　佳火
己月〃丁　火
己月戊支　火
己月庚支　水突

庚月丁甲　秋火
己月甲丙　才火
己月戊壬　火
甲〃子甲支　業火

庚甲壬丁　火
己月甲戊　甬火
己月戊丁　火
甲月子甲壬　艮火

庚月丙戊　秋犀
己月丙丁　禾火
庚月甲〃　土
甲月丁甲己　少水

梟神支

丙甲庚丙　皮火
乙丙月乙　官土
乙子庚子　土
丙甲壬甲　水
乙丙月丙　水
乙丙甲子　水

丙月丁〃　土
乙甲子庚　土
丙甲乙丁　水
丙〃甲己　水
乙丙月子　水
甲丙子月庚　業火
甲〃月甲〃

丙月己戊　土
乙甲丁己　土
丙月丁乙　水
乙甲子丙　水
乙丙甲〃　水
甲月子月乙　艮火

丙月子丁　土
乙子丙支　土
丙甲丙甲　水
乙丙月甲　水
乙丙甲庚　水
甲月子月丁　水

傷官支

甲〻月丁支 火
子月丙支 火
甲月乙己 土
子月乙支 土
子月壬〻 水
壬甲戊壬 水
食神爻
庚子庚壬 火
戊月子庚 官火
庚壬〻支 堇土
戊甲丙壬 水
甲〻月壬己 業火
正官爻
丙月月丙 業
丙月戊乙 才
乙甲月己 杀
乙甲壬己 官
乙甲乙支
甲月己壬己 少
七杀爻

甲〻月丁〻 官火
辛月丙甲 秋火
甲〻月己子 土
甲〻月丁己 水
辛月乙辛 堇水
甲〻月子支 業火
庚辛庚己 火
戊甲支 火
庚子〻戊 土
戊甲戊庚 水
甲〻月壬子 火
丙月甲子 才火
丙月庚支 官开火
乙甲〻甲 火
乙甲乙子 火
乙甲丁甲 水

甲〻月戊丁 火
子月庚支 官火
甲〻月己 延土
甲〻月子〻 水
子月丁甲 方水
甲〻月子己 辰火
庚子庚〻 秋火
戊甲〻丙 才火
戊甲戊丙 土
庚子壬丁 屯水
甲〻甲庚甲 少水
丙月丙戊 業火
丙月壬丙 才火
乙甲丙甲 秋火
丙月庚壬 土
甲月己子 業火

子月甲壬 火
甲〻月丁乙 土
子月壬子 土
甲月甲〻甲 水
子月丁乙 水
甲月己〻乙 少水
戊月子壬 亨火
庚甲〻丙 土
戊甲〻壬 巛水
甲〻月乙支 屯水
丙月戊丙 秋火
乙甲支 才火
乙甲庚支 杀火
丙月壬庚 水
甲月己子丁 艮火

壬子甲丙 火
乙月戊壬 火
丙月壬〻 土
乙月壬〻 水
乙月子支 水

正才支

乙月戊〻 火
乙月甲〻 土
壬己戊甲 土
壬己子壬 水

偏才支

辛甲戊己 火
子甲丁子 火
甲〻甲乙〻 火
甲〻丙甲支 火
子甲己甲 火
子甲子壬 水

刼財支

庚子甲支 才火
甲月子庚〻 良水

壬子甲乙 火
乙月壬支 土
丙月子壬 土
乙月乙支 水
乙子壬子 水

乙月〻壬 火
乙月甲丙 火
乙月甲壬 土
甲月己〻丙 業火

子甲庚甲 火
子甲子〻 火
甲〻丁甲 火
甲〻戊庚支 良火
甲〻丙庚支 土
甲〻甲己支 水

庚子丙子 官火
戊月丁支 土

壬子甲子 火
乙月壬戊 土
壬子戊支 水
乙月丁支 水

壬子〻丙 官火
乙己壬甲 火
乙月甲庚 火
壬己丁甲 水

辛甲壬乙 火
甲〻甲〻乙 才火
甲〻甲己丁 火
子甲庚壬 土
甲〻丙壬支 土
甲〻戊壬支 水

戊月丁戊 官火
戊月庚甲 土

壬乙丙乙 官火
丙月庚戊 土
丙月庚子 水
乙月己支 水

乙月〻甲 火
乙月〻子 火
乙月庚丙 火
甲月己壬 火

子甲壬己 官火
甲〻甲乙庚 才火
甲〻丙〻乙 才火
子甲乙支 土
甲〻丙月乙 才土

甲月子丙〻 業火
戊月丁庚 土

庚子戊甲 土
庚子戊〻 水
戊月乙戊 水
乙丁乙子 水
比肩爻
庚子 屯水
庚巳〻丙 吉火
戊月丙乙 火
甲月子甲丁 業火
戊月〻子 土
乙子乙甲 土
印爻
己月壬丙 火
己月庚戊 土
己月庚壬 土
庚丙丁丙 晚土
庚甲子戊 水
庚甲子乙 水
傷爻
乙巳月庚 土

庚子丙甲 水
庚子戊丁 水
戊月丁〻 水
乙丁庚壬 水
庚巳〻支 敌火
戊月戊支 平火
甲月子甲巳 艮火
戊月丙支 土
庚巳乙壬 水
甲月子丙支 少水
梟神爻
丙乙丁甲 土
丙乙〻乙 水
乙子乙庚 水
乙子丁支 水
乙子丁壬 水
乙巳甲支 水

庚子丙〻 开水
戊月戊巳 水
戊月巳丙 水
甲月子庚丙 少水
庚巳丁戊 才火
戊月壬支 甬火
庚巳丁支 土
戊月戊壬 土
戊月壬〻 水
庚巳丁甲 屯水
官爻
乙甲丁巳 土
乙甲巳子 土
乙甲巳丁 水
丙月壬子 水
丙月乙戊 水
丙月丁甲 水
子〻巳甲 水

庚子丙巳 水
戊月壬巳 水
戊月巳戊 水
庚乙〻支 秘火
乙丁丙戊 始火
戊月〻庚 土
戊月〻乙 土
戊月丙戊 水
杀爻
丙〻甲丙 土
戊甲丁戊 水
丙甲巳〻 水
乙月子甲 水
乙月子戊 水
乙月子巳 水

食爻
戊甲壬庚
財爻
壬辛月壬 土
壬子月甲 水
乙月丙子 水
始印爻
乙月丁丙 火
乙丁甲〻 火
乙丁甲己 火
庚丙丁乙 火
庚戊〻己 火
庚戊月甲 火
始杀爻
甲月己丁己 良 土火
丙乙月庚 土
丙乙月甲丙壬 水
乙子丙甲甲 水
甲月己支 少 水
山己子支 水

戊甲庚丙支 水土
尉爻
子丙月丁 火
甲〻丙〻甲 水
始臬爻
丙乙壬己 水
始𦵏爻
乙己甲壬 水
子〻丁乙 水
子〻丁己 水
始才爻
乙己壬甲 火
乙己乙丁 火
乙己丁己 火
丙壬丁庚 火
丙壬己乙 火
丙壬子戊 水

庚子乙〻 水
刼爻
戊月子丙 水
庚壬戊己 水
始食爻
乙丁己庚 畐火
乙丁己子 禾火
乙丁子丁 業火
子〻乙甲 吉火
辛〻乙己 享火
子〻丁甲 土
始尉爻
乙己丙壬 畐火
乙己庚戊丁丙 火
子〻己己乙 火
子〻己戊 火
比爻
乙丁丙戊 畐火

庚子壬子 水
比爻
辛丁〻戊 火
子丁子己 火
乙丁戊壬支 火
始官爻
乙子戊壬 火
乙子庚壬 火
乙子壬〻 火
丙乙丙壬 火
丙乙戊〻 火
丙乙壬乙 火
始刼爻
子己丙戊 土火
子〻壬己 水
子己甲戊 水
子丁壬庚丙壬 水
乙丁丁乙己子 水
子丁子戊 比吉火

甲月度

丁月〻甲 董火
丁月戊丙 巛土
丁甲壬 少水

丙度

丁月壬支 水
丁月庚丙 艮火
丁月己支 圻水
甲壬月壬丙 火
甲壬甲壬庚 水
丙子丁丙 水
丙乙壬乙 火

戊度

丁丙甲丙 火
丁丙乙支 寸火
丁丙甲〻 少水
壬月壬戊 水
壬子月丁 水
丙甲丁戊 水
丙乙月庚 火

丁月甲〻 火
丁月〻已 石水
甲丙子已〻 水
丁甲乙支 火
甲丙子丁戊 董土
丁月乙支 水
丙甲庚子 水
丙乙丁甲 中
丙子〻丁 土
甲庚丙已〻 水
丁己月己 火
丁丙月足 艮火
丁戊乙支 毛水
戊丙〻庚 火
壬丁乙子 火
壬己丁〻 水
甲戊壬甲子 火

丁月丙庚 火
丁月甲戊 丹水
丁月〻壬 甲火
甲丙子〻支 寸火
甲丙子丁庚 土
丁月庚乙 少水
甲丙己〻 水
丙丁子壬 火
丙乙丙壬 火
丁戊己支 火
甲丙子己己 火
丁丙月甲 戏火
甲庚甲壬甲 火
甲庚戊子〻 水
甲庚〻壬庚 火
甲庚乙丁戊 水

丁月子〻 少水
甲月甲己戊 炯火
丁甲丙支 虫火
丁月丁庚 土水
乙己丁乙 炳火
子月庚丙 艮火
甲庚甲庚己
丙己甲己 火
丁戊月甲 火
丁丙甲壬 土
甲庚丁〻己
甲庚丁月己 火
甲庚己戊〻 火
甲庚丁丙庚 火
甲壬庚丁壬

庚度

丁庚戊丁 火
丁壬庚子 水
乙子戊支 殡火
乙月丙〻 火
乙丙乙丁 火
乙〻甲己 火
乙戊丁支 火
乙丙壬戊 火
乙壬己庚 火

壬度

甲壬月乙戊 火
甲壬戊月丙 火
甲壬月己甲 火
甲壬甲月庚 火
甲子丁庚戊 火
甲壬己子壬 火
甲壬甲〻丁 寸
甲丙壬甲己 火
甲戊子己戊 火

丁庚己支 艮火
丁壬庚支 茔土
乙月己壬 壬
乙丙庚子 水
乙庚己乙 水
乙丙己〻 水
甲庚丁支 口
甲戩庚甲戊 火
甲戊己戊壬 水

乙丁丙己 火
乙己丙庚 火
乙己丙戊 火
乙丁戊〻 火
乙己庚甲 火
乙己乙子 火
乙己壬丙 火
乙己乙乙 火
乙丁月月 皿

丁壬月己 土
丁壬乙支 空土
甲戊壬月戊 火
甲戊己乙〻 开
丁壬月乙 火
甲戊庚甲子 水
甲庚甲乙丁 水
甲戊丁庚丁 水
甲戊己甲己 火

甲庚戊〻甲 土
甲壬戊月丁 土
甲壬丙乙戊 土
甲壬丙己丙 土
甲壬丙壬己 土
乙丁壬乙 土
乙丁戊丁 土
乙壬子〻 土
丁乙甲支 土

丁庚乙支 土
丁庚〻支 水
甲戊巳月乙 水
甲戊子壬子 ㄇ
甲戊庚戊〻 水
甲戊〻月戊 土
甲戊壬甲〻 水
甲庚甲〻巳 土
甲戊庚丁丙 火

甲壬丁戊壬 水
甲壬甲己甲 川
甲戊乙子庚 水
乙丁月乙 水
甲戊壬子乙 朶
甲庚甲丁戊
丁乙甲丁 水
丁乙月庚 石水
丁乙丙支 夏水

丁壬丁子 火
丁乙月乙 火
乙度
丁乙戊丁 火
丁乙戊ミ 才火
戊甲己亥 火
甲庚丁壬戊 火
庚丙乙丁 火
乙己壬乙 火
甲庚戊甲ミ 火
甲庚戊子戊 火
甲壬ミ丁甲 火
丁度
戊丁乙甲 土
戊乙己乙 少水
壬乙丁子 火
甲庚丁庚 火
甲庚丁ミ壬 火
甲丁庚亥 火
庚甲己 火

丁乙月甲 艮火
丁壬己亥 少水
戊甲己甲 火
壬子戊庚 又亾火
甲丙子丁ミ 堇土
庚乙戊丁 才
乙己丁壬 火
壬乙戊庚
乙己ミ庚 火
庚甲子戊 火
庚甲丙壬 虫
戊ミ丁子 开大
戊丁乙庚 空土
壬丁甲乙 火
甲丙月子 虫
甲戊丙乙己 火
甲戊ミ丙子 火
戊壬丙乙 孝

壬丁乙丙 又壬水
丁乙丙ミ 又禾水
戊甲乙丙 土
戊甲壬乙 土
戊甲子甲 开水
庚甲壬子 火
乙己ミ子 火
甲庚己乙庚 土
甲庚戊己ミ
甲壬甲己丁 巛
甲庚乙子庚 巛
戊乙甲子 艮夂火
戊ミ丁戊 火水
甲戊丁甲戊 口
甲戊己甲戊 水
甲庚甲丁 水
甲戊丙戊亥 水
甲戊己丙甲 水

丁乙庚亥 少水
丁乙丙己 巛水
甲庚月庚乙 水
乙子丙壬 水
甲庚ミ甲ミ 巛
甲庚ミ丁ミ 口
壬丁乙亥 土
戊丁乙己 开水
甲戊子庚丁 土
甲己戊亥 土
甲庚月壬 水
甲戊丙庚丁 巛
甲庚甲子 土

甲戊丁月丁　水
己度
甲庚丙戊甲　火
甲庚丙戊〻　巛（又）
甲壬戊丁壬　火
甲壬庚丁〻　火
甲壬庚子戊　火
甲丙壬乙戊　土
甲己子丙　火
甲月子戊壬（丁）　火
甲月子戊庚　火
甲月子庚甲　火
辛度
甲月子庚己　火（壽）
甲月子壬〻　土
甲月子壬支　水（名）
甲庚丙甲　火
甲庚子月　水
甲戊己壬丁　火
甲戊己乙戊　水

甲壬丁丁　土
甲庚丁壬甲　火
甲庚己庚〻　火
甲丙子己庚　步
甲壬〻丙〻　火
甲壬乙丁甲　水
甲己子甲　大（才）
甲子甲己　火（才）
甲月辛戊支　土
甲月子戊丙　土
甲月壬戊乙　土
甲月子庚壬　才
甲月子庚丁　堇
甲月子庚丙　步
甲戊丁乙丙　土
甲戊丁乙乙　水
甲戊壬丁丙　水
甲戊己〻戊　大

甲戊丁支　土
甲壬甲己子　火
甲壬丙〻己　土
壬辛庚丙　炙
甲壬己壬乙　巛
甲戊月子〻　火
甲壬戊壬乙　土
甲子己戊　土
甲月子庚支　土（堇）
甲月子丙支　水
甲月子壬庚　才
甲月壬子甲　土
壬子壬支　火（又辛）
甲戊丁〻子　土
甲戊丁〻乙　水
甲戊子庚壬　土
甲丙壬子丁　石

甲壬乙〻　土
甲壬丙丁乙　火
甲壬戊月庚　兆
甲乙壬戊　土
甲丙庚戊支　口
甲丙庚戊　巛
甲壬戊〻庚　火
甲庚己乙壬
甲月子戊甲　木屯水
壬子庚丙　又已火
甲月子庚〻　丁
甲月子壬丙　土
甲戊庚己壬　步
甲戊丁子丁　火
甲戊丁月丁　火
甲丙丁〻丁　火
甲丙丁子戊　土

甲丙子丙庚 火
甲戊己壬丙 土
癸　度
甲壬月己〻 喜
甲壬戊庚戊 火
甲壬己壬戊 喜
甲壬己丁壬 喜
甲壬戊壬己 水
甲月子乙戊 土水
甲月子乙丁 火
乙月甲〻乙 癸火
癸甲度
甲月子丁甲 火
甲月子丁丙乙 二咏
甲月子丁〻 土
甲壬戊壬丙 水
甲〻丁〻甲 火
甲壬庚丁乙 水
己〻〻壬丙 水
己〻丁甲 水

甲戊子丙乙 火
甲丙子甲丁 土
甲丙庚己壬 土
甲己子子 火
甲戊乙月己 口
甲壬丁丙己 土
甲壬丁〻丙 才
甲月子壬丁 火
甲月子壬己 屯
甲月子丁丙 火
甲月〻丁戊 堇少
甲月子丁庚 又〻畏
甲戊壬己支 火
甲壬戊丁己 火
甲壬〻丁〻 火
甲壬丁甲戊 水
己〻丁〻乙 土

甲丙子丁乙 火
甲丙子甲庚 水
甲丙庚己壬 少
甲己子〻 火
甲戊乙月巳 吉
甲壬丁丙己 火
甲壬丁〻丙 火
甲月子壬丁 火
甲月子壬己 石
甲月子丁己 堇
乙月丙支 又甲
甲月子己甲 火
己〻子丁 水
甲壬戊子子 火
甲壬乙丙戊 火
己子月壬 水
甲庚〻辛庚 良

甲戊己戊支 火
甲壬己庚乙
甲戊壬庚甲 火
乙月甲己 又火
甲戊壬庚己 乂
甲月子乙支 火
甲月子壬己 堇土
甲月子八丙 土
甲月子乙庚 二咏
甲月辛八己 夕水
己〻丙子 土
己戊丙〻甲 土
己子甲戊 水
甲壬庚千戊 土
甲壬乙戊支 水
己子丙庚 水
甲丙己子乙 土

癸丙度
甲戊子壬丁 水
甲戊己丁乙 火
甲戊己丁支 水
甲戊己壬己 土
甲戊己月丙 水
甲月子〻庚 火
甲月子己戊 土

流年連甲度
甲壬庚壬丁 戊〻
甲壬〻乙子 戊乙
甲戊丁己〻 戊丁
甲戊乙庚戊 戊己
甲戊己丙己 戊辛
甲戊己甲〻 庚支
甲戊丁子甲 庚申

單度屯
己〻戊辛甲 甲
丙己乙戊庚 庚
甲〻丙壬甲 己

甲戊乙壬戊 火
甲戊乙〻壬 火
甲戊壬甲庚 口
甲戊〻丙己 土
甲戊丙庚子 土
甲〻月〻足 火
甲月子〻支 董土
甲戊丁己庚 庚丙
甲戊子乙丙 庚戊
甲戊己〻丁 庚〻
甲戊己〻戊 壬
甲戊己乙丁 庚乙
甲戊子乙庚 庚丁
甲戊己乙戊 庚己
甲月丙子 丙
壬戊月丙 壬
壬戊丁月 己

甲丙子己壬 火
甲壬甲〻戊 火
甲壬庚丁支 水
甲戊丁甲乙 水
甲戊己戊己 火
甲月子己壬 才火
甲月子〻丙 董土
甲戊己子壬 庚辛
甲庚丙月己 壬支
甲壬丙甲丁 壬甲
甲壬戊〻己 壬丙
甲壬戊乙己 壬戊
甲壬戊壬子 壬庚
甲壬庚壬甲 丁壬
甲己子己 丙
甲壬丁丙 乙
甲子丁支 辛

甲戊丙月甲 水
甲戊乙甲壬 凶
甲壬丁月壬
甲月子〻甲 良火
甲月子己丙 火土
甲月子〻戊 步
甲月己壬丁 又丙火
甲壬〻壬〻 壬己
甲壬乙甲庚 乙支
甲壬乙庚支 乙甲
甲壬乙壬子 乙丙
甲壬乙己支 乙戊
乙壬甲丙 戊
乙庚乙戊 丁
己庚丙〻 癸

明屯交

甲〻月甲甲　未見日
甲〻月壬甲
子甲〻壬　山台月屯
丙已壬甲　仝

品度屯交

丁戊乙子　庚壬屯乙
丁庚丙庚　丁己屯辛
壬甲〻乙　未癸屯

童天火

甲壬月辛　甲
甲月乙〻　乙
甲月壬甲　丙
甲〻戊〻　丁
甲〻庚丁　戊
甲〻辛甲　己
甲〻甲丁　庚
甲庚丁子　辛
甲〻甲己　壬
甲〻丙戊　癸

閔度屯交

丁戊乙庚　辛庚壬屯乙
丁庚丙庚　丁己屯子
壬子壬乙　童屯
丁庚子〻　未周屯
辛庚甲子　甲丙屯
子戊子己　未甲屯
子壬甲己　戊屯
壬子壬子　壬屯

童天禾

甲庚甲戊甲　甲
甲庚丙戊丁　乙
甲庚丙庚丙　丙
甲庚丙庚辛　丁
甲庚丙庚戊　戊
甲庚丙庚〻　己
甲庚丙庚丙　庚
甲庚甲庚丁　辛
甲庚甲庚甲　壬
甲庚甲乙甲　癸

閔度

丁丁庚甲　三六閔
丙戊乙丙　甲丙閔

刼度

子戊丙己　刼急
戊己丁丁　刼难逃

童固交

丙己庚壬
壬甲戊丙

姤天火

甲庚月甲　甲
甲庚月〻戊　乙
甲庚月甲戊　丙
甲庚月戊己　丁
甲庚月丙戊　戊
甲庚月〻乙　己
甲庚月丙壬　庚
甲庚月戊甲　辛
甲庚月壬丁　壬
甲庚月甲己　癸

炎亥

甲丙月足　子采兔开
丁戊乙庚　根浅
甲乙甲乙　甲丙巛
丙乙甲子　根浅门火
壬乙〻庚　戊乙辛巛
戊己丁丙　戊庚巛

姤天水

甲庚丁甲
甲庚月丁庚
甲庚月丁丁
甲庚戊丙甲
甲庚戊丙己
甲庚戊丙戊
甲庚戊丙壬
甲庚戊甲庚
甲庚戊甲丁
甲庚戊甲〻

童地支

甲壬丁戊 子
甲壬丁壬 丑
甲壬丁子 寅
甲壬丁子甲 卯
甲壬丁丁壬 辰
甲壬丁々子 巳
甲壬丁己子 午
甲壬丁子丁 未
甲壬己月乙 申
甲壬己月己 酉
甲壬己甲支 戌
甲壬己甲戊 亥

劫解支

乙己月己 孚星
乙己壬丙 三台
乙己丁壬 天喜
双度屯々
甲丙甲壬己 甲丙
甲丙甲壬己 辛癸

乙己丙甲 太門
乙己壬乙 月德
乙己丁戊 龍德
甲戊丁乙己 戊庚

姤地火

甲庚丙壬甲 子
甲庚丙壬庚 丑
甲庚丙己戊 寅
甲庚丙壬丁 卯
甲庚丙乙丁 辰
甲庚戊丁甲 巳
甲庚月己 午
甲庚月々戊 未
甲庚月戊々 申
甲庚月庚々 酉
甲庚月庚子 戌
甲庚壬辛甲 亥
乙己丙丁 天乙
乙己乙子 月空
乙己甲壬 八坐
甲丙甲丁己 壬乙

姤地水

甲庚子々支
甲庚子壬甲
甲庚子
甲庚子乙丙
甲庚丁月庚
甲庚丁月己
甲庚丁甲々
甲庚丁甲丁
甲庚丁甲戊
甲庚丁甲支
甲庚丁丙子
甲庚丁丙戊
乙己甲庚
乙己々庚 天德
乙子庚甲
甲丙甲己々 丁己

杂爻

甲戊甲丙庚　非罪
甲庚甲月丙　垢光
甲庚甲丙戊　畾真
甲庚丙己丙　丁朴
甲庚戊壬辛　備
甲庚戊壬丁　少仕
甲庚壬丙乙　財波
甲庚壬丁支　士危慄
甲庚丁〻乙　僟劾
甲庚丁〻子　羊甲寺
甲壬月丁壬　犬甲寺
甲壬丙庚支　丑甲寺
甲壬〻乙乙
甲月壬子　峯仰文
甲戊己庚　名主知

甲庚丙〻壬　笏
甲庚丙〻乙　戰
甲壬甲〻支　还
甲壬甲〻甲　升
甲壬丙戌己　晴前
甲〻丁子　故奴
甲丙甲丁　失明
甲戊庚〻　丂孽
甲乙庚〻　就
甲子丁己　半遂
丙〻戊丁　耳
丙戊丁〻　芳
丙戊己乙　故甲知
丙己戊〻　重
戊壬丁庚　風
庚丙月戊　跌甲
庚〻丁〻　宮
乙月庚子　內目致
乙丙庚支　痈
乙己丁丁　面不用
丁丙庚己　暗矢
丁庚子子　紅
丁〻丙子
甲〻子月丁

甲庚丙〻壬
甲庚丙〻乙
甲壬甲〻支
甲壬甲〻甲
甲壬丙丁己
甲〻丁子　兄水屯
甲戊丁子　水屯比

甲庚丙〻庚
甲庚丙〻乙壬
甲庚丁壬
甲壬丙〻丁

甲庚丙庚丁　外消
甲月庚子　中分
甲〻庚子　生离
甲庚己戊　家难
甲子庚壬　活面

甲戊甲己辛　故
甲戊甲庚〻　半暗

甲戌
庚月乙 百計
庚甲支 无币
庚甲丙 隄覩
庚甲乙 随月家
庚子庚 怨文
壬月戊 巫累笑
子丁〻 車謗
甲庚
壬子
恩斗
戊
甲〻丁子己 寅申
甲〻月丙戊 丨寅
甲庚戊庚支 主寅
甲丙甲戊壬 乂亥
甲庚乙巳〻 乂辰
甲月子壬〻 川申
甲月子乙〻 女申

甲月子丁乙 玄戌
甲戊子己庚 甲实另
申
己子丙支 又酉
甲月己子壬 丨卯
甲月丙戊〻 乂子
甲庚丙子〻 文卯
甲庚〻戊丁 文巳
甲〻戊庚戊 主酉
甲庚丙甲丁 丨酉

甲月子乙丙 主心
甲丙丁庚戊 内3象
甲戊庚己〻 半皿
甲戊丁戊己 失录
甲壬丙〻戊 刀主没切
甲壬丙〻丁 五云
甲戊子己壬 名下
甲庚甲子〻 机
甲庚〻月甲 屏
甲壬丙戊寅 元马
甲庚丁丙丁 川
甲戊丁戊子 苦

甲壬〻丙丁 未
甲壬月己庚 白
甲庚丙庚戊
甲庚壬己丙
甲壬丙己子 兄
甲庚壬〻己 詞
甲戊月丙戊 句